Este libro pertenece a:

- -

Dirección de arte: Trini Vergara • Paula Fernández
Diseño: Marianela Acuña
Edición: Cristina Alemany
Colaboración editoral: Soledad Alliaud - Angélica Aguirre

www.libroregalo.com

Argentina: Demaría 4412 (C1425AEB) Buenos Aires
Tel./Fax: (54-11) 4778-9444 y rotativas
e-mail: editoras@libroregalo.com

México: Av. Tamaulipas 145 - Colonia Hipódromo Condesa
CP 06170, Delegación Cuauhtémoc - México D. F.
Tel./Fax: (5255) 5220-6620/6621 • 01800-543-4995
e-mail: editoras@vergarariba.com.mx

ISBN: 978-987-612-156-9

Impreso en China
Printed in China

Litvin, Aníbal
1.000 cosas inútiles que un chico debería saber antes
de ser grande / Aníbal Litvin y Mario Kostzer. - 1a ed. -
Ciudad Autónoma de Buenos Aires : V&R, 2008.
224 p.: il.; 21x14 cm.

ISBN 978-987-612-156-9

1. Humor Infantil y Juvenil. I. Mario Kostzer II. Título
CDD A867.928 2

1.000
cosas inútiles

QUE UN
CHICO
DEBERÍA
SABER ANTES DE
SER GRANDE

ANÍBAL LITVIN - MARIO KOSTZER

V&R
EDITORAS

1

Más del 50% de los habitantes de este planeta nunca han hecho ni recibido una llamada telefónica. Así que no los llames, para mantener la estadística.

2

El cocodrilo no puede sacar la lengua por la boca. Menos mal que tampoco la puede sacar por otro lado porque sería un cochino.

3

EN ALEMANIA, AL SÍMBOLO ARROBA (@) SE LO LLAMA *KLAMMERAFFE*, QUE SIGNIFICA "COLA DE MONO".

4

El chimpancé vive un promedio de 40 años, de los cuales se pasa 22 durmiendo o descansando. ¡Qué afortunado!

5

Antes del 1800, los zapatos para el pie izquierdo y el derecho eran iguales. (Mejor, no había problema en ver cuál iba en cada pie.)

6

La mosca *tse tse* produce la enfermedad
del sueño. (Algunas maestras,
cuando explican algo, también.)

7

Tuvalu, un pequeño archipiélago independiente
del sur del Océano Pacífico, es el país con menor
extensión del mundo. (No sabemos si sus
habitantes viven todos juntos en una sola casa.)

8

Si A es igual a B, entonces B es igual a A. (Si son
iguales, ¿para qué les ponen letras diferentes?)

9

**LOS HUESOS HUMANOS SIGUEN CRECIENDO HASTA
LOS 21 AÑOS. ¡APÚRATE A CRECER HASTA ESA EDAD!**

10

El río más largo del mundo es el Nilo, en África.
Y el río que más suena es el Rin, en Europa.

11

Britney Spears comenzó su carrera como cantante
en *The Mickey Mouse Club*, en 1992, a la edad
de 11 años.

12

La hembra del mosquito es la que pica y chupa
la sangre. (El macho no, porque debe estar
en algún bar con sus amigos.)

13

Newton descubrió la Ley de Gravedad cuando
se le cayó una manzana en la cabeza.
(Si se le hubiera caído una sandía seguro
que lo mataba y no descubría nada.)

14

Es imposible lamerse el codo, a menos
que tengas una lengua tan larga que puedas
enrollártela como una bufanda.

15

El idioma oficial de Nepal es el nepalí.
¿Por qué el idioma de Portugal no es el *portugalí*?

16

El MP3 nació en 1993 con el nombre de *ISO MPEG Audio Layer 3*. Menos mal que le pusieron *MP3*. ¿Te imaginas ir a un negocio y pedir un *ISO MPEG Audio Layer 3*?

17

El primer ser humano en pisar la Luna fue el estadounidense Neil Armstrong, en 1969. Dijo la célebre frase: "Es un pequeño paso para el hombre, pero un gran salto para la Humanidad". (¡Menos mal que no se cayó!)

18

La gente dice "salud" o "Jesús" cuando estornudas, porque durante el estornudo el corazón se detiene un milisegundo. Qué suerte que no se detiene tanto, si no moriríamos ¡de un estornudo!

19

Las arañas pueden sobrevivir sin comida durante semanas. Pero si te compadeces de alguna, acércale una mosca para que se la coma.

20

La montaña más alta del mundo es el monte Everest, con más de 8.840 metros. La montaña más baja es la de basura que algunos chicos esconden debajo de su cama para que la mamá no se dé cuenta de lo sucios que son...

21

Los campeones mundiales de fútbol son: Brasil, 5 veces; Italia, 4 veces; Alemania, 3 veces; Uruguay y Argentina, 2 veces. Inglaterra y Francia, una sola vez.

22

EL VALOR DE PI ES 3,1416. (Y NO PENSAMOS HACER NINGUNA BROMA CON PIS, NI NADA SIMILAR.)

23

Los elefantes son los únicos animales que no pueden saltar. (Menos mal, producirían un terremoto.)

24

LOS 3 MOSQUETEROS ERAN 4: ATHOS, PORTHOS, ARAMIS Y D´ARTAGNAN.

25

El futbolista Lionel Messi no jugó para ningún
club de Primera División de Argentina,
su país de origen.

26

Los egipcios fueron los primeros en medir
con relativa exactitud la duración del año: 365 días
y un cuarto. Anteriormente, los años podían medir
4 o 6 meses o cualquier cosa, ¡qué difícil
era festejar los cumpleaños en fecha!

27

Rómulo y Remo fundaron la ciudad de Roma
y de pequeños fueron amamantados por una loba.
(Ellos querían que lo hiciera Pamela Anderson,
porque habría sido más divertido.)

28

Brad Pitt nació en 1963, en Oklahoma (EE.UU.).
Hijo de Jane Etta Hillhouse, secretaria en una
escuela secundaria, y de William Alvin Pitt, dueño
de una compañía de camiones.

29

En la prueba de maratōn se corren 42.195 metros.
Más o menos lo mismo que corres tū
cuando rompes algo en casa y tu papá te persigue
con un zapato en la mano.

30

**EL ÚNICO PAÍS QUE HA PARTICIPADO DE TODOS
LOS MUNDIALES DE FÚTBOL ES BRASIL.**

31

La palabra *SPAM*, que designa al correo electrōnico
no deseado, es una marca comercial
de un preparado enlatado de carne de cerdo
molida (*Spiced Ham*). ¡Quē chanchos!

32

John Montagu (1718-1792), conocido como
el 4to. Conde de Sāndwich, inventō el sāndwich
o emparedado. Quē suerte que lo inventō,
de lo contrario no sabrīamos cōmo comer
una hamburguesa.

33

**PARA MANTENERSE DESPIERTO, COMERSE UNA
MANZANA ES MÁS EFICAZ QUE TOMARSE UN CAFÉ.**

Mercurio es el planeta con temperaturas
más extremas. En un día pasa de más de 420°C
a -185°C, es decir, una variación de 600°C.
(Es mejor llevarse un abrigo para la noche.)

Cuando los conquistadores ingleses llegaron
a Australia, se asombraron al ver unos extraños
animales que daban saltos increíbles. Le
preguntaron a un nativo el nombre del animal,
a lo que contestó: "kan ghu ru" y adoptaron
el vocablo inglés *kangaroo*. Tiempo después,
los lingüistas determinaron que *kan ghu ru*
significaba "no le entiendo".

El país con más habitantes en el mundo es China.
Se calcula que hay tantos chinos que si formaran
una cadena tomados de la mano darían 4 vueltas
al mundo. Pero no lo hacen porque tienen que ir
a trabajar, al colegio o a pasear por ahí.

Si un chico despidiera peditos sin parar durante
6 años y 9 meses, produciría suficiente gas
para crear la energía de una bomba atómica.
Aunque a veces te tiras algunos que no son
una bomba atómica, pero matan a todos
los que están a tu alrededor.

Pegar la cabeza contra una pared utiliza
150 calorías por hora. (Ideal para bajar de peso...
y romperse la cabeza. Aunque no recomendamos
este método para ninguna de las dos cosas.)

Una pulga puede saltar una distancia equivalente
a 30 veces la longitud de su cuerpo.
Para un ser humano, supondría saltar el largo
de un campo de fútbol.

Todo número multiplicado por cero es igual
a cero, así que para qué vamos a andar perdiendo
el tiempo multiplicando por cero.

41

Miguel de Cervantes Saavedra y William
Shakespeare son considerados los más grandes
exponentes de la literatura hispana e inglesa
respectivamente. Ambos murieron
el 23 de abril de 1616. (Pero no hicieron
un solo funeral los dos juntos para ahorrar...)

42

La ciudad más poblada del mundo es Tokio, capital
de Japón. Son casi 30 millones de habitantes.

43

**THOMAS ALVA EDISON TEMÍA A LA OSCURIDAD.
POR SUERTE INVENTÓ LA LAMPARILLA ELÉCTRICA.**

44

Las ratas se multiplican tan rápidamente
que en 18 meses, una pareja de estos roedores
puede llegar a tener un millón de hijos. (Pero
no tienen tiempo de ponerle nombre a cada uno.)

45

**LOS KOALAS PUEDEN ESTAR TODA SU VIDA
SIN TOMAR AGUA.**

46

Los aviones *Jumbo* han transportado a un millón
seiscientos mil pasajeros a una distancia
equivalente a la que existe entre la Tierra y la
Luna, ida y vuelta. Y pensar que tú estás a veces
en la Luna (ya sea en tu casa o en el colegio),
sin viajar tanto.

47

Una persona común ríe aproximadamente quince
veces por día. No es el caso de tu madre,
cuando le muestras las notas que sacaste
en tus últimos exámenes. (Es probable que llore
quince veces por minuto.)

48

Es posible hacer que una vaca suba escaleras,
pero no que las baje. (Y bueno, se la baja
en un elevador...)

49

La palabra *cementerio* proviene del griego
koimeterion que significa "dormitorio". Igual,
preferimos dormir en nuestra cama.

50

Multiplicando 111.111.111 x 111.111.111 se obtiene
12.345.678.987.654.321. ¿Para qué sirve? ¿Quién sabe?

51

El máximo Dios griego era Zeus, que vivía
con otros dioses en el Monte Olimpo. ¿No estarían
todos muy apretados viviendo tan juntos?

52

El eclipse solar se da cuando la Luna se interpone
entre la Tierra y el Sol. ¡Qué entrometida la Luna!

53

El libro más famoso del escritor Gabriel García
Márquez es *Cien años de soledad*, pero no estuvo
solo 100 años escribiéndolo.

54

El máximo anotador en un partido de la NBA
fue Wilt Chamberlain con 100 puntos. (¡Y pensar
que a veces no embocamos ninguna respuesta
en las pruebas de Historia o Matemáticas!)

55

El actor Tom Hanks ganó dos premios Oscar
de manera consecutiva por sus actuaciones
en las películas *Filadelfia y Forrest Gump*.
(Pero no puede igualar las actuaciones de algunos
chicos pidiendo perdón a sus madres
cuando se portan mal.)

56

La famosa Guerra de los 100 años,
duró en realidad 116 años. (Se ve que contaban
mal en esa época.)

57

El escritor Julio Cortázar escribió el libro *Rayuela*,
aunque parece que nunca jugó a la rayuela.

58

Alexander Graham Bell fue el inventor
del teléfono. Pero no podía hablar
con mucha gente porque no había
tantos teléfonos en esa época.

59

Bill Gates creó en 1975 la empresa *Microsoft*
que nos permite, entre otras cosas, jugar
a los jueguitos en la PC. ¡Qué buen hombre
este Bill Gates!

60

El jacuzzi fue creado por el italiano
Cándido Jacuzzi. Si se hubiera apellidado
Carozzo, los jacuzzi se llamarían *carozzo*.

61

La palabra *bobo* proviene del latín *balbus*, que
significa "balbuciente". ¿Entendiste, balbuciente?

62

En la necrópolis de Giza, Egipto, se encuentran
las pirámides de Keops, Jafra y Menkaura.
También se encuentra mucha gente con un miedo
bárbaro de toparse con alguna momia resucitada.

63

LA CAPITAL DE ESTADOS UNIDOS ES WASHINGTON,
DONDE ESTÁ LA CASA BLANCA.

64

PLATÓN FUE UN FILÓSOFO GRIEGO,
NO UN PLATO GRANDE.

65

El planeta más lejano del sistema solar
fue descubierto en 2004 y se llama Sedna.
¿Adónde estaba antes, que no lo veían?

66

Las palomitas de maíz fueron inventadas
por los indios estadounidenses.
¡Y eso que no iban al cine!

67

En un partido de fútbol, el único jugador
que puede usar las manos es el arquero
o guardameta, a menos que otros jugadores
usen las manos para agarrarse a trompadas.

68

Napoleón Bonaparte fue un militar y gobernante
francés que medía 1,65 metros. Él quería jugar
al básquet pero, por ser tan bajito, no le quedó otra
que hacerse general y conquistar casi toda Europa.

69

La capital de Francia es París, la de España
es Madrid y la del Principado de Liechtenstein
es Vaduz.

70

Los aztecas también eran conocidos como
mexicas, de ahí el nombre de México a esa región.
(¿Si hubieran vivido en Brasil se habrían
llamado *braxicas*?)

71

La Revolución Industrial comenzó en Inglaterra.
La gente dejó de matarse trabajando en el campo,
para ir a matarse trabajando en una fábrica.

72

El animal más grande del mundo es la ballena
azul, así que no es conveniente tenerla en casa
como mascota.

73

Los números romanos estaban formados
por letras. Curiosamente, las letras romanas
no estaban formadas por números.

74

Los colores primarios son el amarillo, el rojo
y el azul. Los colores secundarios también
son tres (naranja, verde y violeta), y el resto son
tantos que no vamos a gastar espacio:
trata de acordártelos.

75

**LA LECHE ES UNO DE LOS ALIMENTOS MÁS COMPLETOS.
¡PERO CON GALLETAS ES AÚN MEJOR!**

76

La película más larga es *El remedio para
el insomnio* (1987). Dura 87 horas y nadie la pudo
ver completa... porque enseguida te duermes.

77

El animal más rápido de la tierra es el halcón
peregrino: puede llegar a los 300 kilómetros
por hora. Sin embargo, nadie puede darle alcance
para felicitarlo.

78

La ciudad de Lima es bañada por el río Rimac.
(Si la ciudad se llamara Limac,
rimaría con Rimac.)

79

El iridio es el metal más pesado. Si llenásemos
de iridio una botella de un litro, ésta pesaría
más de 22 kilos. El problema es si después
queremos beber de la botella.

80

ONU es la sigla de la Organización
de las Naciones Unidas. También puede ser
la sigla de la Organización de los Narigones
Unidos. Pero no se podrían juntar porque estarían
chocando sus narices todo el tiempo.

81

Los gatos no se sienten atraídos por los sabores
dulces. (No intentemos darles golosinas,
porque prefieren el pescado.)

82

El maíz es una planta monocotiledónea.
¿Qué significa eso? No lo sabemos:
¡busca en el diccionario!

83

La fábrica automotriz *Ford*, en 1908, lanzó
el modelo *Ford T* a un precio de 200 dólares. (¡Hoy
con ese dinero, apenas compras una bicicleta!)

84

El tiburón ballena es el pez más grande
del mundo. Puede comerse a un hombre entero.

85

La capital de Argentina es Buenos Aires.
Aunque con tanta contaminación que tiene,
lo que menos ostenta son buenos aires.

86

En China, los menores sólo pueden jugar 3 horas
al día a *videogames online* para que no sean adictos
a los juegos.

87

**LOS CABALLOS PUEDEN MANTENERSE DORMIDOS
DE PIE SIN CAERSE. ¡Y SIN USAR ALMOHADAS!**

88

La palabra *hermano* viene de la palabra germana
frater. (Hay cada *frater* tan insoportable...)

89

Groenlandia es la isla más grande del mundo.
Pero allí hace un frío terrible, como para ir a ver
si es cierto.

90

Para la ciencia, el papel del bostezo
en la conducta humana todavía es un secreto.
Pero sí sabemos que aparece cuando una fiesta
con parientes se vuelve muy aburrida.

91

El escarabajo joya es capaz de detectar incendios
a 80 km de distancia. (¡Pero no sabe llamar
a los bomberos!)

92

Los pulpos tienen tres corazones.
Así que si su novia le rompe el corazón,
al pulpo no le importa porque todavía
le quedan dos más.

93

La reina Isabel I de Inglaterra le tenía fobia
a las rosas. Así que no sólo huía de las flores,
sino de todas las mujeres que se llamaran Rosa.

94

El insecto más largo es el *palo*, que mide
30 centímetros. Preferimos las hormigas,
que son más chiquitas y más fáciles de pisar.

95

**LA TORRE EIFFEL FUE PROPUESTA, EN UN PRINCIPIO,
PARA LA CIUDAD DE BARCELONA Y NO PARA PARÍS.**

96

Nuestro Sol está cumpliendo la mitad de su vida:
5.000 millones de años. Dentro del mismo
lapso se convertirá en una estrella enana blanca.
Es decir, nos moriremos de frío, así que
tendremos que ir a vivir a otro planeta.

97

Adiós en italiano se dice *arrivederci*. Tan largo
es decir *arrivederci*, que los italianos no terminan
nunca de irse.

98

**EL REY DE ESPADAS ES EL ÚNICO REY SIN BIGOTE.
¡SE LO AFEITARON CUANDO POSÓ PARA LA FOTO!**

99

Las hormigas pueden levantar hasta 50 veces
su peso. Y eso que no hay hormigas gordas,
que si no... ¡podrían levantar un auto!

100

El corazón del colibrí llega a latir 2.000
pulsaciones por minuto. Cuando un médico revisa
a un colibrí, ¡explota su estetoscopio!

101

Una bomba de hidrógeno es más potente
que una atómica de uranio. (Pero, por las dudas,
no hagamos la prueba en casa.)

102

El alfabeto hawaiano tiene solamente 12 letras.
Cuando en Hawai comen sopa de letras se mueren
de hambre.

103

La consola que más rápido se ha vendido
es la *Play Station 2*: llegó a venderse a 7 unidades
por segundo.

104

**LA PALABRA *TONTO* SIGNIFICA "FALTO O ESCASO
DE ENTENDIMIENTO O RAZÓN".**

105

El pez más rápido del mar es el *Vela*, que alcanza
los 109 km por hora. Con esa velocidad es difícil
que el pez vela se encienda.

106

La película *El rey león* está inspirada en la tragedia
shakespeariana *Hamlet*, que era lo mismo
pero con personas. Y no estaba Pumba
tirándose peditos.

107

La luz viaja a 300.000 kilómetros por segundo.
No creemos que la podamos alcanzar en bicicleta.

108

El animal más grande que ocupó Europa podría
ser el Saurópodo. Medía 36 metros. Y seguro que,
cuando hacía caca, se limpiaba con la copa
de los árboles.

109

El hueso más pequeño del cuerpo humano apenas
mide 2,5 milímetros. Se llama estribo
y está en el oído. ¿ESCUCHASTE?

110

Las Cataratas del Niágara son las más caudalosas
de América del Norte. Así que mejor no ducharse
debajo de ellas.

111

En Saturno hay un hexágono en el cual podrían
caber cuatro planetas del tamaño de la Tierra.
(Ya bastantes problemas tenemos con una sola
Tierra, como para tener cuatro.)

112

Debajo del continente de Asia hay un mar
subterráneo gigante. Pero no se lo ve porque
es demasiado tímido.

113

EN EL ÁREA METROPOLITANA DE TOKIO VIVEN
CASI TANTAS PERSONAS COMO EN TODA ESPAÑA.

114

La compañía japonesa *Nintendo* en sus comienzos
fabricaba naipes. Menos mal que inventó
los jueguitos, si no estaríamos jugando a las cartas
con un joystick.

115

LAS 10 MONTAÑAS MÁS ALTAS DEL MUNDO
ESTÁN EN ASIA. ¡ACAPARADORES!

116

Existen más de 6.000 idiomas en el mundo.
¡6.000 lenguas! (Sin contar la que algunos chicos
le sacan a su hermano para burlarse de él.)

117

El músico Wolfgang Amadeus Mozart
fue considerado un niño prodigio al tocar el clave
(un piano) a la edad de 3 años y componer obras
musicales a lo largo de su infancia y adolescencia.
¿Qué es un niño prodigio? Lo contrario a muchos
de tus amigos.

118

El Chavo es una creación genial de Roberto Gómez
Bolaños. (Menos mal que lo creó, si no,
¿con qué rellenarían hoy la programación
de muchos canales?)

119

El país africano Burundi nunca ganó un Mundial
de Fútbol, porque ni siquiera jugó uno.
Así que el que vende banderitas para festejar
vaya uno a saber adónde se las puede meter.

120

La Fosa de las Marianas, en el Océano Pacífico,
es la fosa marina más profunda: tiene 11.000
metros de profundidad. (Mejor bucear
en una piscina, que es más fácil.)

121

Los bonsái son los árboles enanos. En japonés
el término *bonsái* significa literalmente "pequeño
árbol en maceta de bordes bajos".

122

La palabra más larga del castellano es
anticonstitucionalmente, seguida por el nombre
del músculo del cuello: *esternocleidomastoideo*.
Aunque cuando un chico se porta mal, la mamá
puede inventar una más larga: "te voy a
recontrarrecontrarrecontrarrecontrareprender".

123

EL MAR MUERTO ES UN LAGO. (PERO ÉL NO SE DA
CUENTA PORQUE, POBRECITO... ESTÁ MUERTO.)

124

El planeta Urano tiene anillos como Saturno.
¿Se los habrá pedido prestados?

125

El récord mundial de los 100 metros está
en menos de 10 segundos. Y eso que corren
sin ponerse un petardo en el trasero.

126

La nutria come el equivalente al 25%
de su peso; es como si un hombre de 80 kilos
comiera 100 hamburguesas diarias. ¡No está mal
hacerse nutria!

127

Una vez cada 28 años febrero tiene 5 sábados.
Este dato es impresionante y si se lo dices
a tus amigos se quedarán con la boca abierta...
¡hasta que se empiecen a reír!

128

**EL *CUAC* DE UN PATO NO PRODUCE ECO.
Y NADIE SABE POR QUÉ.**

EL PLANETA VENUS NO TIENE LUNAS.
(POBRE, DEBE SENTIRSE SOLITO.)

Si un orangután eructa está advirtiendo
que nos mantengamos fuera de su territorio.
(Seguramente, con una gaseosa en la mano,
tu hermano puede ganarle fácilmente
a un orangután.)

EL DESIERTO DEL SAHARA SE ENCUENTRA EN EL NORTE
DE ÁFRICA. (¡UY, CON SÓLO NOMBRARLO NOS DIO SED!)

El verdadero nombre del actor Tom Cruise es
Thomas Cruise Mapother IV. Si se hubiera puesto
Tom Mapother tal vez no habría sido
tan conocido. (Y se habrían reído de él.)

La palabra *culo* proviene del latín *culus*. (No
hacemos ningún comentario más porque tenemos
miedo de que nos den una patada en el *culus*.)

134

La voz en inglés del personaje *Shrek* pertenece
al actor Mike Myers. (Pero no tuvo que pintarse
la cara de verde para hacer ese trabajo.)

135

Un polígono de 56.645 lados se llama
pentakismyriohexakisquilioletracosiohexacontapentagonalis.
Y no lo repetimos porque nos cansamos
al escribirlo.

136

El océano más extenso es el Pacífico. Si usaras
toda el agua que contiene, tal vez puedas sacarte
esa mugre que siempre tienes en tus orejas.

137

Según investigadores de los Estados Unidos,
los videojuegos de acción mejoran la agudeza
visual. ¡Corramos a contárselo a nuestras madres,
que no quieren que juguemos con ellos!

138

**LA LUZ TARDA EN LLEGAR DE LA LUNA A LA TIERRA
UN SEGUNDO. ¡QUÉ IMPUNTUAL!**

139

**LOS OSOS POLARES SON ZURDOS. ¡IDEALES
PARA JUGAR AL FÚTBOL!**

140

La primera vez que se hicieron unos vaqueros
o jeans fue en 1850 y los hizo un sastre alemán
llamado Levi Strauss. ¿Entonces qué usaban los
vaqueros de Norteamérica en esa época? ¿Faldas?

141

**EL LIBRO *GUINNESS* REÚNE TODOS LOS RÉCORDS
DEL MUNDO.**

142

La máquina de escribir, que era usada por
los dactilógrafos, se inventó en 1867. El teclado
era muy parecido a los de las computadoras
de hoy... pero más sencillo, claro.

143

El mamífero más pequeño del mundo
es la musaraña pigmea: mide 4 centímetros
y pesa menos de 5 gramos. ¡Hay cucarachas
más grandes que ella!

144

En Irlanda existen más del doble de vacas
que de personas: hay 8 millones de vacas y sólo
3 millones de personas. ¿Y por qué no ponen
de presidente a una vaca, ya que hay tantas?

145

Una tormenta eléctrica se produce cuando,
además de lluvia, hay rayos y relámpagos.
Y en algunos chicos produce tanto miedo
que son capaces de ensuciar su ropa interior
con un material que no vamos a nombrar
porque nos da asquito.

146

Cambises fue un gran rey del Imperio Persa
en la antigüedad. (Este dato es para poner algo
de Cambises, porque últimamente nadie
se acuerda de él, pobre...)

147

La hormiga, cuando muere intoxicada
o envenenada, cae siempre sobre su lado derecho.
¡Qué aburrida, siempre para el mismo lado!

148

Los esquimales, para saludarse, frotan su nariz
contra la nariz de la persona a la que saludan.
¡Que no se les escape ningún moquito!

149

China tiene fronteras con 16 países diferentes.
No te decimos cuáles, si no nos va a llevar
medio libro escribirlos.

150

El gorila, cuando tiene hambre, saca su lengua.
Y claro, no va a andar llamando a un mesero
para que le traiga la comida.

151

Un cabello humano crece un centímetro al mes.
Así que si te quieres dejar el cabello largo,
tendrás que esperar un año o más.

152

Una nube puede alcanzar 25 kilómetros
de espesor. Una nube de peditos tuyos, no tanto
(pero puede ser más terrible que una tormenta).

153

**LOS MOSQUITOS TIENEN DIENTES. ¡CON RAZÓN DUELE
TANTO CUANDO PICAN!**

154

La novela *Frankenstein* fue escrita por una mujer:
Mary Shelley. No sabemos si ella
fue realmente la novia de Frankenstein.

155

En el desierto del Sahara sólo ha nevado una vez:
el 18 de febrero de 1979. Menos mal que no
estuvimos allí, si no, nos sorprendía sin abrigo.

156

Las mandíbulas de un tiburón blanco pueden
ejercer una presión de 3 toneladas por centímetro
cuadrado. Si no entiendes este dato, por las dudas
no busques a un tiburón blanco para hacer
la prueba en tu brazo.

157

Un pelo puede permanecer un máximo
de 6 años en la cabeza, antes de caerse.
(Menos en los calvos.)

158

En el planeta Neptuno, los vientos soplan
a 2.400 kilómetros por hora. Si estás en Neptuno
y escupes, ten cuidado: los vientos pueden hacer
que el escupitajo dé toda la vuelta al planeta
y termine cayéndote en tu propia nuca.

159

Uruguay fue el primer Campeón Mundial
de Fútbol, en 1930. Algunos creen que
en esa fecha tan lejana ni el fútbol existía.

160

La sidra es una bebida alcohólica hecha con
manzanas. Pero no con la manzana envenenada
de *Blancanieves*, si no nadie la bebería.

161

El Sol libera más energía en un segundo
que la energía consumida por la humanidad
desde su inicio. ¡Qué derrochón!

162

El ser humano pertenece a la especie
Homo Sapiens, aunque algunos parece
que fueran medio animales.

163

La pulpa de los árboles se utiliza para hacer papel.
Sin embargo, juntando muchos papeles
no se puede hacer ningún árbol.

164

La manera más fácil de diferenciar un animal
carnívoro de uno herbívoro es por la ubicación
de sus ojos. Los carnívoros —perros, leones— los
tienen al frente de la cabeza, lo que les facilita
localizar su alimento. Los herbívoros —aves,
conejos— los tienen a los lados de la misma,
lo que les ayuda a detectar la aproximación
de un posible depredador. (Y nosotros tenemos
los ojos que nos dan vuelta cuando mamá
hace un pastel que nos gusta.)

165

**UNA PERSONA PARPADEA APROXIMADAMENTE
25 MIL VECES POR SEMANA. ¡Y NO SE CANSA!**

166

El horno de microondas surgió cuando
un investigador estudiaba las ondas y notó
que éstas habían derretido el chocolate
que tenía en una bolsa.

167

El material más resistente creado
por la naturaleza es la tela de araña. Con razón
el *Hombre Araña* no se cae cuando salta
de un edificio a otro.

168

Einstein nunca fue un buen alumno, y ni siquiera
hablaba bien a los 9 años; sus padres creían
que sufría algún retraso mental.

169

El Océano Atlántico es más salado que el Pacífico.
Pero no es cuestión de hacer semejante viaje
de una costa a otra para ver si es cierto.

170

El elefante es el único animal con 4 rodillas.
Menos mal que no tiene que usar rodilleras,
porque gastaría mucho dinero.

171

Los estadounidenses gastan más en comida
de perro que en comida de bebé.
¡Pero no se la dan a los bebés!

172

Es físicamente imposible para los cerdos mirar
al cielo. Por eso no se compran anteojos para sol.

173

**PARA SER PRESIDENTE HAY QUE SER MAYOR DE EDAD.
(ASÍ LES VA A LOS PAÍSES.)**

174

La ciudad de Buenos Aires alberga la única
escultura del mundo dedicada a *Caperucita Roja*.
Del lobo y la abuelita... ¡nada!

175

**EL 70% DE LA MASA DEL CUERPO HUMANO
ESTÁ FORMADA POR AGUA. ¡Y NO NOS AHOGAMOS!**

176

Cuando los astronautas pisaron por primera vez
la Luna, se quedaron asombrados por el increíble
color azul de la Tierra. (Es por los océanos,
no porque estuviera pintada de ese color.)

177

Michael Jordan es el basquetbolista con mejor
promedio de puntos por partido de la NBA,
con 31,5 tantos por juego. ¡Cōmo anotaba!

178

EL PAÍS MÁS GRANDE DEL MUNDO ES RUSIA.

179

Uruguay y Argentina son los ūnicos paīses
que ganaron dos veces consecutivas la medalla
dorada olīmpica en Fūtbol. Uruguay, en Parīs 1924
y Amsterdam 1928. Argentina, en Atenas 2004
y Beijing 2008.

180

Los libros de mapas se llaman *Atlas*,
porque los primeros volūmenes de mapas
tenīan en la cubierta un grabado de un hēroe
mitolōgico llamado Atlas. Menos mal
que no se llamaba Cholo.

181

Durante la época de los Virreinatos en América,
la ciudad más poblada era Potosí, con 160.000
habitantes. ¿Qué hacía tanta gente allí?
Trabajaba en las minas para extraer plata,
que no es lo mismo que cuando quieres extraer
dinero del bolsillo de tu papá.

182

Más del 90% de la población mundial vive
en el Hemisferio Norte. Así que los que vayan
al sur van a tener más lugar para hacerse
una bonita casa.

183

La palabra *silueta* proviene de Étienne
de Silhouette, Intendente General del Tesoro
francés en 1759, aficionado a hacer dibujos
sencillos y rápidos. (No sabemos si Étienne
era gordo o flaco.)

184

El emperador romano Nerón mandó quemar
la ciudad de Roma. Como tú, que quieres quemar
las pruebas del colegio cuando te sacas un 1 (uno).

185

**MÁS DE LA MITAD DE LOS LAGOS DEL MUNDO
ESTÁN EN CANADÁ.**

186

La velocidad más rápida lograda por las actuales
naves espaciales es de 64.372 kilómetros por hora.
Difícil alcanzarlas corriendo.

187

En Hollywood se realizan la mayoría
de las películas. Si allí te cruzas con alguien
y te saluda, no sabes si lo hace de verdad
o está actuando.

188

**LA LÍNEA DEL ECUADOR DIVIDE LA TIERRA
EN HEMISFERIO NORTE Y HEMISFERIO SUR.**

189

La famosa biblioteca de Alejandría fue fundada
en el año 290 antes de Cristo por Tolomeo Soter,
uno de los generales de Alejandro Magno.
(No sabemos si Tolomeo sabía leer ¡con tantos
libros que había allí!)

190

Los máximos goleadores de los Mundiales
de Fútbol (no de un solo Mundial, sino contando
varios) son el alemán Gerd Müller y el brasileño
Ronaldo, con 14 goles cada uno.

191

La probabilidad de que nos caiga un rayo encima
es de una en tres millones. No vamos a tener
tanta mala suerte...

192

Antes del año 1291, el vidrio era solamente
de color. Así que era difícil saber si adentro
de una botella había agua, vino o leche.

193

Leonardo Da Vinci pintó el famoso cuadro
de la *Mona Lisa*, una mujer que no es muy mona,
ni muy lisa.

194

La capital del país africano Mauritania
es Nuakchott. (Al pronunciarla aléjate
de las personas, porque puedes escupirlas.)

195

Los tranvías de San Francisco (Estados Unidos), creados en 1873, tienen la categoría de Monumento Histórico Nacional.

196

La Federación Internacional de Fútbol Asociado (FIFA) fue fundada en el lejano año de 1904. Sin embargo, en esa época la pelota ya era redonda.

197

LOS *POWER RANGERS* ESTÁN BASADOS EN LA SERIE JAPONESA DE CIENCIA FICCIÓN *SUPER SENTAI*.

198

Gracias a su dieta rica en salmón y baja en colesterol el pueblo de los *inuits*, que habita en las regiones árticas de América del Norte y Groenlandia, raramente sufre enfermedades cardíacas. (Habrá que comer salmón...)

199

La avispa parasitaria de Tanzania es el insecto alado más pequeño del mundo: su tamaño es menor al del ojo de una mosca común.

200

Un objeto pesado tardaría alrededor de una hora
en hundirse unos 10 kilómetros, en la parte
más profunda del océano. Un tremendo grandote
como tu tío, ¡lo haría en 5 minutos!

201

Hay más organismos vivos en la piel
de un ser humano, que seres humanos
viviendo en el planeta Tierra.

202

El estadio de fútbol más grande del mundo
es el Maracaná, en Brasil. Pueden entrar más
de 100 mil personas. (Podrían llegar a 200 mil
si nadie respirara ni moviera un dedo durante
todo el partido.)

203

La palabra *eclipse* proviene del idioma griego
y significa "abandonar". Desconocemos por qué
los griegos le pusieron ese nombre... porque
no tenemos ningún griego cerca.

204

El primero que utilizó un astrolabio fue Hiparco
de Nicea. ¿Te sirve de algo esta información?
A nosotros no, pero nunca se sabe cuándo
la podrás necesitar.

205

En 1954 se transmitió por televisión el primer
partido de fútbol: Yugoslavia contra Francia.
Y ese mismo día fue la primera pelea
de una mamá diciéndole a un papá: "¿No puedes
dejar de ver esa porquería y ponerte a trabajar?".

206

En la inmensidad del universo conocido,
una de las estrellas más grande es Mu Cephei,
que se encuentra en la constelación de Cefeo.
(Eso no quiere decir que no sea bonita...)

207

El caracol de tierra gigante africano puede llegar
a medir 39 centímetros de la cabeza a la cola.
Más que un caracol parece una vaca, por lo grande.

208

La forma más segura de transporte es el ascensor.
Así que, cuando vayamos de vacaciones, mejor
hacerlo en ascensor y no en auto.

209

El 4 de octubre de 1957 la desaparecida Unión
Soviética (que era Rusia con otros países)
lanzó al espacio el primer satélite artificial
de la historia. Éste fue el Sputnik 1.

210

La diosa griega del amor y la belleza era Afrodita.
Los romanos la llamaron Venus. Y también
llamaron Venus a un planeta. ¡Qué casualidad!

211

Pelé es el único jugador que ganó tres Mundiales
de Fútbol. Una aclaración: Pelé no era pelado.

212

En la India la albahaca es una planta casi sagrada.
La llaman *tulsi*, y en la mayoría de los jardines
hogareños la tienen en un lugar muy especial.

Los relámpagos pueden llegar a medir
48 kilómetros de largo. Si no nos crees, cuando
haya un relámpago, toma tu reglita, súbete
al cielo y mídelo con tus propias manos.

La palabra *slogan* es un término inglés que
a su vez proviene del gaélico. Su forma original
es *slaugh gheun* (grito de combate) de los viejos
clanes escoceses. Para que entiendas: como gritaba
Mel Gibson en *Corazón valiente (Brave Heart)*.

Los cohetes tripulados tardarían 70.000 años
en llegar a las estrellas más cercanas.
¿Qué apuro hay?

Los gusanos gancho, chupadores de sangre,
viven en el interior de 700 millones de personas
a lo largo del mundo. (Abre la boca y que alguien
se fije si tienes alguno.)

217

La velocidad más alta alcanzada por una bicicleta
es de 268,6 kilómetros por hora, lograda
por Fred Rompelburg. ¡Cómo pedaleaba!

218

Las jirafas pueden limpiarse las orejas
con su lengua, que mide medio metro.
¡Prueba a hacer lo mismo!

219

Los dinosaurios desaparecieron hace 65 millones
de años. (Si vivieran en la actualidad, de mascota
no tendríamos a un perro sino a un *velociraptor*.)

220

Un rayo alcanza una temperatura mayor
que la de la superficie del Sol. No aconsejamos
broncearse con la luz de un rayo.

221

Somos 6 milímetros más altos de noche cuando
dormimos, que de día cuando estamos despiertos.
(Con razón a veces no entramos en la cama...)

222

En los EE.UU. hay más de 1.250 millones de ratas.
¡Incluido el Ratón Mickey! (Rémy, de *Ratatouille*,
no, porque vive en Francia.)

223

La palabra *etcétera* proviene del latín *et cetera*
(significa "lo que falta, lo demás"). Y etcétera,
etcétera, etcétera...

224

Se estima que la temperatura en el centro
de la Tierra es de 5.500 grados Celsius. Mejor
quedarse afuera, que está más fresquito.

225

Los tornados pueden alcanzar velocidades
por encima de 483 kilómetros por hora. ¿Por qué
483 y no 480? Y bueno, alguien anduvo midiendo
para que sepas bien este número.

En 1862, el químico inglés Alexander Parkes creó
el primer plástico. Pero no hizo ninguna muñeca.
Él sabía hacer plástico, ¡no muñecas!

El mayor ganador de títulos oficiales en tenis
es el estadounidense Jimmy Connors
con 105 títulos. ¡Cómo le dio a la pelotita!

El cuerpo humano posee más de 1.000 enzimas
diferentes. Y no están una enzima de la otra. ¡Ja!
(Qué chiste más bobo... y con falta de ortografía,
porque "estar *encima*" se escribe con *c*.)

En 1811, Amadeo Avogadro distinguió por primera
vez las moléculas de los átomos. No cómo tú,
que a veces ni distingues si estás en una clase
de Historia o de Geografía.

230

El Océano Atlántico se expande cada año
3 centímetros a lo ancho. Si esto sigue así,
un día te levantarás de la cama y tendrás las olas
del Atlántico en tu propia habitación.

231

Una rana venenosa adulta de la especie
colombiana "Dardo Dorado" posee tanto veneno
como para matar a 1.000 personas.
¡Qué rana tan mala!

232

Cada mota de polvo contiene un millón
de millones de átomos. Así que cuando te llenas
de barro jugando o te ensucias con lodo
tienes millones de átomos encima de ti.

233

A lo largo de su vida, un corazón humano bombea
tanta sangre como para llenar 100 piscinas.
¡Pero no te vas a bañar en sangre!

234

Las lombrices de tierra poseen cinco pares
de corazones. ¿Para qué quieren tantos corazones
unos animalitos así de chiquititos?

235

La primera tarjeta de crédito se emitió en 1951,
cuando el *Diners Club* preparó una tarjeta para 200
clientes que podía usarse en 27 restaurantes
en Nueva York. La última es la que papá le dio
a mamá para que se compre ropa y gaste
más de la cuenta.

236

El film *El Padrino* ganó el premio Oscar a mejor
película de 1972. Era sobre mafiosos que se
mataban a tiros. Y claro, si no le daban el premio,
empezaban a armar lío a punta de pistola.

237

UNA LIBÉLULA PUEDE VER A INSECTOS QUE SE MUEVEN
A UNA DISTANCIA DE 10 METROS. ¡Y SIN ANTEOJOS!

238

La Luna está 400 veces más cerca de la Tierra
que el Sol. Y es exactamente 400 veces
más pequeña que éste. (No tienes que leer
este dato 400 veces para entenderlo.)

239

**LA *ILÍADA* Y LA *ODISEA* FUERON ESCRITAS
POR HOMERO. ¡SIMPSON, NO!**

240

La *Q* es la única letra del alfabeto que no aparece
en ninguno de los nombres de los estados
de Estados Unidos. (Este es un dato fundamental
que te acaba de cambiar la vida.)

241

Una cuarta parte de los huesos del cuerpo humano
se encuentra en los pies. (Para patear la pelota
de mejor manera. O para salir corriendo cuando
haces algo malo en tu casa.)

242

Un hombre llamado Charles Osborne tuvo hipo
durante 69 años. (Y lo habrán querido asustar
unas 2 millones de veces para quitárselo.)

243

Los murciélagos siempre dan vuelta a la izquierda
cuando salen de una cueva. (Pero no sabemos
si para hacerlo ponen la luz de giro.)

244

Las uñas de los dedos de las manos crecen casi
cuatro veces más rápido que las uñas de los dedos
de los pies. Menos mal, si no romperíamos
los zapatos con las uñas cada dos meses...

245

Se estima que millones de árboles en el mundo
son plantados accidentalmente por ardillas
que entierran sus nueces y se olvidan dónde
las escondieron. (Las ardillas deberían tomar
una pastilla para la memoria.)

246

Los hombres son 6 veces más susceptibles de ser
golpeados por un rayo que las mujeres.
(Qué feministas son los rayos.)

247

El actor protagonista de las películas
del *Hombre Araña* se llama Tobey Maguire.
Pero para hacer el personaje no tuvo que comer
moscas ni mosquitos.

248

En la actualidad, más de 4.000 satélites orbitan
nuestro planeta. ¡Pronto serán tantos que van
a tapar el Sol!

249

La palabra *estúpido* proviene del latín *stupidus*.
Se ve que ya también había estúpidos en aquellas
épocas lejanas.

250

El primer trabajo artístico de Christian Castro
fue, junto a su madre Verónica,
en la telenovela *El derecho de nacer*.

251

Existen organismos microscópicos capaces
de sobrevivir en temperaturas de hasta 133 grados
centígrados. ¡Y sin protector solar!

252

Los relojes cucú no fueron inventados en Suiza,
sino en una zona de Alemania llamada
Selva Negra.

253

El primer secador de pelo se fabricó en Francia,
en 1890. Fue creado por Alexandre Godefoy.
Y sirve para dos cosas: para que mamá se seque
el pelo y para que te despierte a ti con el ruido
que hace, el muy maldito.

254

En cualquier momento del día, caen sobre
la Tierra casi 2.000 rayos a causa
de las tormentas eléctricas. ¡Y no hacen ningún
hoyo! Si no la Tierra sería como un queso...
con agujeros.

255

La Estación Espacial Internacional pesa cerca
de 500 toneladas y tiene las dimensiones
de un campo de fútbol. Sin embargo, no juegan
al fútbol porque la pelota se iría por el espacio.

256

La leche en polvo no se obtiene cuando
se ralla una vaca, sino cuando se le saca
la humedad (a la leche... no a la vaca).

257

La Sociología es la ciencia que trata sobre
la estructura y funcionamiento de las sociedades
humanas. Así que debería explicarte
por qué vive gente tan loca en tu vecindario.

258

Un cartógrafo no es alguien que juega
a las cartas o que reparte la correspondencia,
sino un especialista en confeccionar mapas.

259

**LAS PLANTAS HIDROELÉCTRICAS SUMINISTRAN
EL 3% DE LAS NECESIDADES ENERGÉTICAS DEL MUNDO.**

260

A los 85 años un humano habrá caminado
160 mil kilómetros. ¡Y muchos no habrán
llegado a ninguna parte!

261

Tres planetas orbitan la estrella Upsilon
Andromedae, a 44 años luz de distancia.
Así que cuando estés de mal humor, te tomas
un cohete y te vas a vivir allí.

262

Hay claras evidencias geológicas de que hubo agua
en el planeta Marte. ¿Quién se la habrá bebido?

263

Las ratas y los caballos no pueden vomitar.
(Aunque a uno, cuando ve una rata, le dan
ganas de vomitar.)

 **264**

La primera bicicleta se fabricó en 1817.
Y el primer *chichón* surgió ese mismo día,
cuando quien la manejaba se cayó.

 **265**

En la Tierra se pueden encontrar organismos vivos
incluso a tres kilómetros de profundidad bajo
el suelo. ¿No nos crees? Toma una pala y cava
un pozo de tres kilómetros.

 **266**

El animal más veloz en el agua es el pez aguja.
Puede nadar a 110 kilómetros por hora.
¡Difícil para poder pescarlo!

 **267**

El Sol tarda aproximadamente 220 millones
de años en completar una vuelta alrededor
de la Vía Láctea. ¡Qué lento!

 **268**

El mosquito tiene 47 dientes, el tiburón ballena
tiene más de 4.500 y el pez-gato tiene 9.280.
(¿Cuánto gastarán en dentistas?)

269

A los bebés no los trae la cigüeña, ni vienen
en un canasto. En realidad, papá coloca
una semillita en la panza de mamá. ¿Cómo?
¡Que te lo expliquen tus padres!

270

Sigmund Freud es el padre del psicoanálisis.
(Lo que no se sabe todavía es ¡quién es la madre!)

271

En el núcleo del Sol, cada segundo 600 millones
de toneladas de hidrógeno se convierten en helio.
(Créelo. ¡No vas a ir al Sol a comprobarlo!)

272

El avestruz es el ave que pone los huevos
más grandes. Pesan más de un kilo. ¿Qué hay
adentro? ¿Un avestruz bebé o una vaca?

273

Si estornudas muy fuerte puedes fracturarte
una costilla. Ahora, si te fracturas una costilla
es probable que no estornudes, sino que digas:
"¡Ay, me duele como loco!".

274

La mayoría de las pinturas de labios contienen
escamas de pescados. Las de los payasos —que se
pintan tanto— deben tener varios pescados enteros.

275

La orina de los gatos brilla con la luz negra.
¡La de los gatos! Ni se te ocurra ponerte a orinar
con luz negra en medio de tu casa para ver
si brilla, porque si te descubren te encerrarán
brillantemente en tu habitación.

276

Igual que las huellas digitales, cada lengua
es única. (Por eso es bueno sacársela a tu hermano,
para que vea que es diferente a la de él.)

277

El primer año de un perro equivale a 21 años
humanos, cada año canino posterior es de 4 años
humanos. ¿Cuándo festejarle el cumpleaños
a un perro, entonces?

278

Los ojos de los animales nocturnos pueden ver
bien de noche debido a un compuesto blanco
en la retina llamado *guanina*. Esta sustancia
proporciona una superficie reflectora que permite
que la luz rebote hacia enfrente, dándole
a los ojos una segunda oportunidad
de absorber la luz de las imágenes. Este reflejo
hace que los ojos del animal parezcan brillar
en la oscuridad. (Y todo eso, mientras nosotros
estamos durmiendo.)

279

**EL VUELO MÁS LARGO QUE HA HECHO UNA GALLINA
ES DE 13 SEGUNDOS. ¡Y SEGURO QUE SE CANSÓ!**

280

Todas las termitas del mundo juntas pesan
10 veces más que todos los humanos juntos.

281

El planeta Saturno flotaría si se pudiera encontrar
un océano lo suficientemente grande.
Porque es liviano como una pluma, a pesar
de ser así de grandote.

282

La velocidad más alta registrada por un tren
fue de 515 kilómetros por hora, lograda por el *TGV*
francés. (Los pasajeros no tuvieron tiempo
para sentarse... ¡que ya habían llegado a destino!)

283

Se les empezó a poner herraduras a los caballos
en la época del Imperio Romano, cuando
los habitantes comenzaron a pavimentar sus
calles. (Menos mal que no les pusieron zapatos.)

284

Los molinos de viento siempre giran al contrario
de las manecillas del reloj, excepto en Irlanda.

285

Hace más de 3.000 años, la mayoría de los egipcios
moría a la edad aproximada de 30 años. Así que
ni bien terminaban la escuela, ya se jubilaban.

286

Más gente usa cepillos de dientes azules
que de color rojo. (Más vale que te cepilles
los dientes seguido, ya sea con cepillos azules
o rojos, si no se te van a caer.)

287

Los búhos son las únicas aves que pueden ver
el color azul. (No sabemos si para comprarse
el cepillo de dientes.)

288

Los camellos tienen tres párpados para protegerse
de las tormentas de arena. ¿Por qué no se ponen
anteojos oscuros?

289

El cráter originado por un meteorito se llama
astroblema. (Pero si se te viene un meteorito
encima... ¡no te quedes mirando si produce
un astroblema!)

290

Un topo puede cavar un túnel de 100 metros
de largo en sólo una noche. (Y a la noche siguiente
descansa... si no se muere del esfuerzo, pobrecito.)

291

Los Tres Chiflados eran: Moe, Larry y Curly.
Cuando ya no estuvo más Curly, vino Shemp. Todo
para que los tres chiflados ¡siguieran siendo tres!

292

La Tierra pesa alrededor de
6.588.000.000.000.000.000.000.000 toneladas.
(Se necesita una balanza muy grande para pesarla.)

293

Un hipopótamo puede abrir su boca
lo suficientemente grande como para que quepa
un niño de un metro y medio de alto adentro
de ella. ¡Qué bocota!

294

Un colibrí pesa menos que una moneda.
(Lo que no sabemos es cuántas monedas hay
que juntar para comprarse un colibrí.)

295

Los dientes humanos son casi tan duros como
piedras. (Por eso soportan masticar las porquerías
que nos metemos a la boca.)

296

Cuando la luz pasa a través de la atmósfera
terrestre, los colores son desviados y dispersados
en muchas direcciones por las moléculas
atmosféricas. El color azul es el que más se desvía
haciendo que se dispersen por todo el cielo,
por eso es que vemos el cielo azul. (Si cuentas
este dato en una reunión familiar, seguro
que te aplauden.)

297

Dijo el actor y director de cine Woody Allen:
"Me interesa el futuro porque es el sitio donde voy
a pasar el resto de mi vida". (Qué astuto, ¿no?)

298

Es contra la ley eructar o estornudar en ciertos
lugares de Omaha, Nebraska, en Estados Unidos.
(Nuestra respuesta es... ¡Burp!)

299

**AL NACER TENEMOS 300 HUESOS, PERO DE ADULTOS
SÓLO TENEMOS 206. ¿Y ADÓNDE VA EL RESTO?**

300

En Bulgaria, los habitantes mueven la cabeza
de arriba a abajo para decir "no" y de un lado a otro
para decir "sí".

301

Durante toda la vida, una persona come alrededor
de 20 mil kilos de comida, equivalente al peso de
seis elefantes. (Pero no comemos elefantes porque
son muy difíciles de meter en el refrigerador.)

302

Algunas especies de lombrices son capaces
de comerse entre ellas si no encuentran comida.
Distinto es el ser humano que no se comería
a un tío, si tiene hambre.

303

LOS DELFINES DUERMEN CON UN OJO ABIERTO.
SERÁ PARA MIRAR CUANDO ESTÁN SOÑANDO...

304

En el espacio los astronautas no pueden llorar
porque, a falta de atracción gravitatoria,
las lágrimas no pueden fluir. ¿Y si se ponen
tristes, qué hacen? ¿Se ríen?

305

Antes era contra la ley tener un perro de mascota
en una ciudad de Islandia. (¿Y qué tenían como
mascota? ¿Una cucaracha?)

306

EL JUGADOR DE TENIS ROGER FEDERER COMENZÓ
A PRACTICAR ESTE DEPORTE A LA EDAD DE 3 AÑOS.

307

Un estornudo sale disparado fuera de la boca
a una velocidad aproximada de 150 kilómetros
por hora. (Si sale con un moquito, cuidado,
puede sacarle el ojo a alguien.)

308

Las costillas humanas se mueven alrededor
de 5 millones de veces al año, o sea,
cada vez que respiramos. ¡Y no se cansan!

309

La posición de los ojos de un burro le permite
mirarse las cuatro patas al mismo tiempo.
¡Y ver si no le falta alguna!

310

**CADA 45 SEGUNDOS SE INCENDIA UNA CASA
EN ESTADOS UNIDOS (¡POBRES BOMBEROS!)**

311

En Bangladesh, los niños de 15 años pueden ser
encarcelados por hacer trampa en sus exámenes
finales. (A tu compañero de banco le tendrían
que dar 100 años de cárcel por las veces
que ha copiado.)

312

El pingüino es la única ave que puede nadar
pero no puede volar. (A menos que le pongas
un cohete en la espalda, lo enciendas
y se vaya por las nubes.)

313

Ernest Vincent Wright escribió una novela
llamada *Gadsby* que contiene más de 50.000
palabras, y ninguna de ellas con la letra e.
(¿Cómo hizo? Eeeeeeeeeeeeh, no lo sabemos.)

314

**LOS OJOS DE LAS ABEJAS TIENEN UN CIERTO TIPO
DE PELO. ¿SERÁN PESTAÑAS?**

315

Los perros y los gatos también son diestros
o zurdos, como los humanos. (Juramos que nunca
hemos visto un gato zurdo pero si lo dice el libro,
así será.)

316

Se producen más de 50.000 temblores terrestres
en todo el mundo cada año. (Sin incluir los gritos
de los padres cuando los chicos hacen algo malo
y con la voz hacen temblar todo.)

317

Oler manzanas verdes puede ayudar a bajar
de peso. (Tu primo el obeso, debería oler
unas 100 mil manzanas para adelgazar.)

318

Un adulto trabajador transpira hasta 4 litros
de agua por día. (¡En una semana hace un río!)

319

Un témpano de hielo polar común y corriente
pesa alrededor de 20 millones de toneladas.
(Nuevamente nos preguntamos, ¿a quién
se le ocurre pesar estas cosas?)

320

Un bulto de oro puro del tamaño de una cajita de fósforos puede ser aplanado hasta hacer una hoja del tamaño de una cancha de tenis. (¡Qué lindo debe ser jugar en una cancha de oro aplanado!)

321

LAS HORMIGAS SE ESTIRAN CUANDO DESPIERTAN EN LA MAÑANA. (¡PERO NO SE LAVAN LOS DIENTES!)

322

En Tokio, Japón, venden peluquines para perros. Para perros: si hay gatos pelados... ¡que se las arreglen como puedan!

323

El ojo del avestruz es más grande que su cerebro. Pero no piensan con los ojos por más grandes que los tengan.

324

Las mujeres parpadean casi el doble que los hombres. (Debe ser por la pintura que se ponen en los ojos.)

325

El himno nacional de Holanda es el más antiguo del mundo. La música data de 1572 y la letra, de 1590. (¿No pueden inventar una más nueva?)

326

Los egipcios antiguos dormían en almohadas hechas de piedra. (¡Pobres, cómo les quedaba la cabeza!)

327

El 142.857 es un número cíclico. Cuando se multiplica por cualquier número del 1 al 6, los dígitos del producto siempre serán los mismos que 142.857 y hasta en la misma secuencia, lo único que cambia es el número por donde comienza. Por ejemplo:
142.857 x 2 = 285.714; 142.857 x 3 = 428.571; 142.857 x 4 = 571.428; 142.857 x 5 = 714.285; 142.857 x 6 = 857.142 (Con este truco puedes ganarle alguna apuesta a tus amigos... $$$$$$$$$$$$$$$$$$$$)

328

Tweety (Piolín), el canario de las caricaturas
de *Warner Brothers*, solía ser un pájaro bebé
sin plumas, hasta que lo censuraron e hicieron
que le pusieran plumaje, porque se veía desnudo.

329

El único continente sin reptiles o serpientes
es la Antártida. ¡Y claro, con el frío que hace!

330

Todas las góndolas en la ciudad de Venecia, Italia,
deben ser pintadas de color negro. El que vende
pintura negra en Venecia... ¡debe ser millonario!

331

La letra o texto del himno nacional japonés data
del siglo IX pero la música fue compuesta en 1880.
(¿Tan difícil fue hacerla que tardaron 10 siglos?)

332

Hay una ciudad llamada Roma en cada
continente. Mejor ir a la ciudad Wolfsburgo,
que hay una sola y no te vas a equivocar.
(Aunque no sepas ni dónde queda Wolfsburgo.)

333

Hay 2.598.960 combinaciones posibles de 5 naipes
en un mazo de 52 cartas. ¡No las vas
a estar contando!

334

Si se pone una ciruela pasa en un vaso
con champagne espumoso, flotará y se hundirá
continuamente. Esto es para que lo pruebes
cuando no tengas nada que hacer...
(y tengas una ciruela y champagne).

335

Tomar agua después de comer reduce el ácido
en la boca por un 61%. No 60%, ¡61! Para que veas
que este libro sabe hasta lo último de lo último.

336

El número romano para 1666 es MDCLXVI. Este
año es famoso por ser la única vez en la historia
en la cual la fecha ha sido escrita con todos
los números romanos desde el valor más alto
hasta el más bajo. ¡Es un dato X! Mejor dicho... 10.

337

El nombre más común en Italia es Mario Rossi.
(Muchos Pérez no hay porque no es México.)

338

El martes es el día más productivo de la semana.
El resto de los días la gente hace que trabaja,
pero en realidad... se rasca el ombligo.

339

El pintor Vincent Van Gogh vendió solamente
una pintura cuando vivía. Hoy sus cuadros valen
millones de dólares, ¡y él no pudo ver ni un peso!

340

Es imposible estornudar sin cerrar los ojos.
Eso está bueno, así no ves a quién le escupes
en la cara.

341

El calamar gigante tiene los ojos más grandes
que cualquier ser vivo en el mundo. No sabemos
para qué, por lo poco que hay para ver en el fondo
del mar...

342

El apellido materno de Buzz Aldrin, el segundo hombre en pisar la Luna después de Neil Armstrong, era Moon (Luna). Menos mal que el apellido no era Sun (Sol), si no tenía que ir al Sol y se iba a quemar.

343

SEÚL, LA CAPITAL DE COREA DEL SUR, SIGNIFICA "LA CAPITAL" EN LENGUAJE COREANO.

344

El estómago tiene que producir una nueva capa de mucosa cada dos semanas, de otra manera se digeriría él mismo. ¡Qué hambriento!

345

El avión-caza ruso Sukhoi-34 es el primero en su clase con baño. ¡Cómo debe quedar el baño si alguien hace *popó* mientras el avión da piruetas a una velocidad de 300 metros por segundo!

346

El verbo *testificar* está basado en las cortes
romanas donde los hombres hacían juramentos
por sus testículos sobre alguna declaración.

347

El corazón del camarón está en su cabeza.
Lo único que falta es que el cerebro lo tenga
en la pierna izquierda.

348

Se cree que el bostezo, al hacer que los pulmones
tomen más aire del normal y al estirar
los músculos de la cara, ayuda al cuerpo
a mantenerse despierto. (¡Ajummmm!
Esta información da mucho sueño.)

349

El director de cine Alfred Hitchcock no tenía
ombligo, le fue eliminado al suturar una cirugía.
¿Y dónde juntaba la mugre que todos tenemos
en el ombligo?

350

El nombre real del músico Bob Dylan es Robert
Zimmerman. Qué suerte que no se puso
Juancho Cadorna, que es más feo.

351

Sólo tres ángeles son mencionados por la Biblia:
Gabriel, Michael y Lucifer. Parece que el resto
se quedó en el Cielo y no quiso participar del libro.

352

El autor de *Drácula* es Bram Stoker.
La verdad es que le costó sangre terminar el libro.

353

Hay más samoanos en la ciudad de Los Ángeles,
Estados Unidos, que estadounidenses en Samoa.

354

Los lápices hexagonales se venden once veces más
que los redondos. Cómprate uno redondo y sé
la envidia de todos los que tienen los hexagonales.

355

**LAS PALABRAS HAWAIANAS NO CONTIENEN
GRUPOS DE CONSONANTES.**

356

El pez más pequeño del mundo
es el *Trimattum Nanus* del Archipiélago de Chagos.
Mide 12 milímetros. Tiene el nombre más largo
que el cuerpo.

357

En tiempo de los caballeros de armadura, éstos
se saludaban levantando la visera de su casco
para mostrar su cara. Y algunos tenían la cara
tan fea que daban un susto bárbaro.

358

**EL ROSARIO MÁS LARGO DE NORTEAMÉRICA ESTÁ
EN FATIMA SHRINE EN HOLLISTON, MASSACHUSETTS.**

359

El primer producto en tener un código de barras
en su empaque fue la goma de mascar *Wrigley*.
Ahora falta poco para que nos pongan códigos
de barras en nuestros brazos para identificarnos.

360

En Italia es ilegal construir ataúdes de cualquier
material que no sea madera o cáscara de nuez.
Mejor nunca te metas en un ataúd hecho
con cáscara de nuez. Mira si viene una ardilla
y quiere comer el relleno.

361

La palabra árabe que se empleaba para representar
una cantidad desconocida era "shei". Esta se
transcribió al griego como "xei". Finalmente,
se acortó y únicamente quedo como "x". Por eso,
x es un número cualquiera. ¿Entendiste o te lo
tenemos que explicar x veces?

362

LAS RATAS PUEDEN VIVIR MÁS TIEMPO SIN AGUA
QUE LOS CAMELLOS.

363

La danza aeróbica causa más fracturas óseas
que cualquier otra actividad recreacional.
Mejor jugar a la pelota.

364

En Estados Unidos las frutas llamadas
chinese gooseberries no se vendieron bien hasta que
los vendedores les cambiaron el nombre por el de
kiwis. Menos mal que no les cambiaron el nombre
a las manzanas. ¿Si no cómo las llamaríamos?

365

Los patos tienen seis párpados, tres en cada ojo.
¡Hasta que se despiertan pasan seis horas
despegando todos los párpados!

366

En la Roma Antigua, las damas se bañaban
en grasa de cisne y leche de burra. ¡Y tenían
un olor a podrido que mataban!

367

Los franceses comen alrededor de doscientos
millones de ranas por año. ¡Y aunque no lo creas,
no andan saltando de aquí para allá!

**LOS ELEFANTES DUERMEN TRES HORAS POR NOCHE.
Y CLARO, LOS DESPIERTA EL RUIDO DE LA SELVA.**

Los pacientes masculinos se caen de la cama
de los hospitales el doble de lo que lo hacen
las pacientes femeninas. ¡Qué tontos!

El punto más bajo de la corteza terrestre
es el Mar Muerto. Está a 416 metros por debajo
del nivel del mar. (Encima de muerto... ¡caído!)

Los gatos domésticos pueden alcanzar velocidades
de hasta 50 kilómetros por hora. Si el auto
te falla, monta un gato que llegarás a destino.

El animal más peligroso en el zoológico,
de acuerdo con los cuidadores, es el panda.
Con esa cara de bueno que tiene.

373

El gobierno de Gran Bretaña tiene 10.000 gatos
y los usa para mantener a las ratas fuera
de los edificios públicos. Después tendrán
que contratar a 10.000 perros para poder echar
a tantos gatos.

374

Los 5 países con el índice más alto en divorcios
son Estados Unidos, Ucrania, Liechtenstein,
Perú y Maldivas. Mejor casarse en otro país.

375

En Estados Unidos se venden cuatro trajes de baño
por segundo. ¡Cómo van a la playa!

376

La trompa de un elefante tiene hasta 40.000
músculos. Y los ejercita agarrando el maní
que le tiramos en el zoológico.

377

La palabra *prohibido* en árabe es *harem*.
Y tener un harem en otros países... ¡está prohibido!

378

La campana más grande en el mundo
es la *Tsar Kolokol* en Moscú. Pesa 222 toneladas
y nunca ha sido usada. Y claro, ni con 10 mil
Quasimodos la pueden mover.

379

Los cubanos son los más grandes consumidores
de azúcar en el mundo. ¡Qué gente más dulce!

380

El esqueleto humano sigue creciendo hasta
los 35 años de edad aproximadamente, después
comienza a encogerse. Pero no lo suficiente como
para entrar en una lata de sardinas.

381

Los castores pueden nadar media milla
bajo el agua con una sola bocanada de aire.
Más que pulmones tienen dos globos.

382

Miguel de Cervantes escribió su obra *Don Quijote
de La Mancha* mientras estaba en prisión. Y claro,
no trabajaba, no tenía que cocinar... no le quedaba
otra que escribir.

383

La ciudad de México tiene más taxis que otras
del mundo, son más de 60.000. Si en México
no consigues un taxi entonces sí que eres
una persona con mucha mala suerte.

384

**UN FRANCÉS TÍPICO USA DOS JABONES AL AÑO.
¡QUE SUCIO!**

385

La lengua de una ballena azul pesa igual
que un elefante adulto entero. Pero la lengua
no tiene trompa.

386

Se dice que las personas que tienen peces como
mascotas duermen con más facilidad. A menos
que se metan a dormir con ellos en la pecera.

387

El humano normalmente tiene 100 mililitros
de gas en los intestinos en determinado
momento. Y en determinado momento
se convierten en peditos.

388

El cantautor español Álex Ubago, antes
de comenzar su carrera artística, jugaba
al billar de manera profesional.

389

Cada año muere más gente por picaduras de abeja
que por mordiscos de tiburones. El problema
es cuando te metes al agua con un tiburón
y justo te pica una abeja.

390

Las manzanas son parte de la familia de las rosas.
Pero ningún chico va a regalarle un ramo
de manzanas a su novia.

391

Las vacas pasan dieciocho horas al día masticando
o rumiando. ¡Cómo les deben quedar los dientes!

392

La velocidad más alta alcanzada
por un motociclista en una sola rueda
es de 180 kilómetros por hora.

393

Un estudio ha determinado que los cerdos
se pueden volver alcohólicos.
¡Chanchos y encima borrachos!

394

C3PO es el primer actor que pronuncia una palabra
en *Star Wars*, la cuarta película que en realidad
es la primera del año 1977. Bueno, nos hicimos
un lío bárbaro.

395

Alrededor de 30 millones de personas en todo
el mundo creen que han sido secuestradas
por extraterrestres.

396

De acuerdo con escritos astronáuticos, la Luna
huele como a cohetes de pólvora explotados.
Bueno, menos mal que no huele a ajo...

397

El término *karaoke* significa "orquesta vacía"
en japonés. Son inteligentes los japoneses para
poner nombres, pero no sabemos si cantan bien.

398

UNA VACA TÍPICA VIVE TREINTA AÑOS.
SI NO LA PONEN ANTES A LA PARRILLA...

399

En diciembre se casan más parejas
que en ningún otro mes. Y además de la fiesta
de casamiento... ¡tienen que festejar Navidad!

400

Un cerdo saludable puede correr un kilómetro
en cinco minutos. Y puede correr más rápido,
si lo quieren atrapar para hacerlo jamón.

401

En tu cama viven aproximadamente seis millones de gérmenes y bacterias. Y si la tienes desarreglada como siempre, ¡seguro que más!

402

PONCIO PILATOS, EL QUE SE LAVÓ LAS MANOS, NACIÓ EN ESCOCIA.

403

Un récord: un gato llamado Minnie atrapó 12.480 ratas entre 1927 y 1933. Si se las comió a todas habrá quedado así de gordo.

404

Leonardo DiCaprio nació en Hollywood y actúa en las películas de Hollywood. (¿Habrá salido alguna vez de Hollywood?)

405

El costo estimado para tatuarse todo el cuerpo:
desde 30.000 hasta 50.000 dólares. Mejor hacerse
un dibujito con un bolígrafo.

406

Las libélulas pueden volar a velocidades de hasta
90 kilómetros por hora. Sin embargo,
a las libélulas la policía no les hace multas
por exceso de velocidad.

407

UN ÁRBOL DE CAFÉ DA ALREDEDOR DE MEDIO KILO
DE CAFÉ AL AÑO. ¿A QUIÉN SE LO DA?... NO SABEMOS.

408

Los perros te lamen la cara porque
instintivamente están buscando restos de comida.
¡Los muy puercos!

409

Los osos polares pueden comer 25 kilos
de carne en una sola comida. Eso sí, sin pan,
porque engorda.

410

La Isla de Nauru, en el Océano Pacífico, basa su
economía casi totalmente en la venta de materia
fecal de aves. ¿Cómo hacen para juntarla?
Y... deben ir con un retrete detrás de cada ave.

411

Los gatos pueden hacer más de 100 sonidos
vocales diferentes. Los perros pueden hacer
alrededor de 10. Falta que los gatos se pongan
a cantar y listo.

412

La lengua del camaleón es el doble de larga
que su cuerpo. Menos mal que los camaleones
son chiquitos, si no la lengua llegaría desde acá
hasta la China.

413

**LAS BALLENAS NEGRAS SON DE COLOR BLANCO
AL NACER. SEGURO QUE TOMAN MUCHO SOL...**

414

En general, lleva 660 días que un elefante nazca.
Y claro, sólo formar una trompa tan larga
les debe llevar como un año.

415

El koala duerme 22 horas diarias.
No debe tener una mamá que le diga:
"¡Levántate vago, que tienes que ir al colegio!".

416

Los mosquitos prefieren a los niños
que a los adultos y a los rubios que a los morenos.

417

Tenemos alrededor de cien mil cabellos
en nuestra cabeza. Cabellos y no caballos.
Si no, tendríamos la cabeza muy pesada.

418

El compositor italiano Antonio Vivaldi compuso
la obra *Las cuatro estaciones*: son cuatro conciertos
que simbolizan el verano, el otoño, el invierno
y la primavera. (No hay que escuchar *Invierno*
con bufanda y guantes...)

419

La *disartria* es la dificultad para la articulación
de las palabras. (¿Entrendistre, ammmigo?)

420

Babia es una región de España a la que, durante
la Edad Media, los reyes de León y Asturias
se retiraban a descansar. Desde entonces se usa
la expresión "estar en babia" para indicar
que alguien está ausente o distraído.

421

El futbolista que convirtió más goles en un solo
Mundial fue el francés Just Fontaine en 1958.
(Igual, no le sirvió de nada porque Francia
no salió campeón.)

422

La víbora más larga en el mundo es la *pitón real*
que alcanza los 12 metros. Cuando se da vuelta...
no puede verse la cola.

423

Todos los insectos de la Tierra pesan tres veces
más que todos los demás animales juntos.
Y eso que son chiquititos.

424

Los egipcios antiguos compraban joyería para
sus cocodrilos mascotas. Pero no les ponían
los collares por temor a que se los comieran.

425

Las arañas viven de 4 a 7 años. ¡Siempre que
no aparezcan por tu casa y las aplastes!

426

MCDONALD'S VENDE ANUALMENTE UNAS 3 MIL
MILLONES DE HAMBURGUESAS.

427

Al hablar nos sube la presión arterial ligeramente.
Y mamá que parlotea todo el tiempo con
las vecinas... ¡debe tener la presión por las nubes!

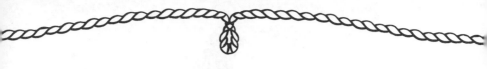

Los tiburones encuentran a los peces para comer,
escuchando sus latidos del corazón.
Además de dientes... ¡tienen unos oídos!

El corazón de una orca, o ballena asesina
como también se la conoce, late 30 veces
por minuto bajo el agua y 60 veces por minuto
en la superficie. Si se pusiera a volar... no sabemos.

El ciudadano francés típico come 500 caracoles
al año. Pero sin su casita porque es demasiado
dura para morderla.

El idioma oficial de Pakistán es el urdú.
Te lo decimos en urdú: *eousoi duae idnaui iooak.*
¡No! ¡Mentira! ¿Te lo creíste?

El enemigo de Superman se llama Lex Luthor.
Pero no le gana a Superman, porque no tiene capa,
ni vuela.

433

El nombre del gran pensador romano Séneca
era Lucio Anneo. (Anneo no tiene nada que ver
con cierta parte del cuerpo...)

434

El carnívoro más grande es el elefante marino
del sur, que pesa 10 toneladas y mide 7 metros
de largo. Si te pide upa, ¡mejor huye!

435

Para ganar al Bingo, en los viejos tiempos tenían
que hacer sonar una pequeña campana, de ahí
el nombre "bing-o". ¡Ahora hay que gritar
como un marrano!

436

El 33% de la población mundial no puede
hacer sonar los dedos. (Pero puede aplaudir
y hacer ruido de otra manera.)

437

El país con más elefantes en el mundo es Zaire,
con 195.000. Por suerte les dejan lugar
a las personas para que también vivan allí.

438

Los cepillos de cabello de camello son hechos
con colas de ardillas. Así que si un cepillo
viene con mal olor, quiere decir...
¡que no le lavaron la cola a la ardilla!

439

Una gota de agua de mar tarda más de mil años
en circular alrededor del mundo. ¡Y sin cansarse!

440

**SE NECESITAN 43 MÚSCULOS FACIALES
PARA FRUNCIR EL CEÑO. (MEJOR REÍRSE.)**

441

En un clima frío pierdes entre el 50 y 75%
de calor si no te cubres la cabeza. (Y si es
con una almohada para seguir durmiendo
y no ir al colegio... ¡mejor!)

442

Los primeros cepillos de dientes fueron inventados
en China en 1498 y las cerdas eran sacadas
de cerdos. Menos mal que se las sacaban,
si no, hubieran tenido que hacer un cepillo
con un chancho atado al mismo.

443

El inventor húngaro-americano Peter Carlo
Goldmark fue quien, en 1940, desarrolló el primer
sistema de televisión a color para ser utilizado
comercialmente. ¡Qué suerte! Si no, veríamos
Los Simpson en blanco y negro!

444

ENTRE LOS MAMÍFEROS, EN TODAS LAS ESPECIES
LA HEMBRA VIVE MÁS QUE EL MACHO.

445

La palabra *caribe* proviene de la misma raíz
que *caníbal*. Si vas al Caribe tal vez te coman
en sándwich.

446

El perro de la ciudad vive tres años más
que el perro de campo. ¿Y por qué el perro
de campo no se muda a la ciudad?

447

EL CONTINENTE MÁS POBLADO ES ASIA.
QUE ES *ASIA* DONDE VA MÁS GENTE.

448

Cada año caen a la Tierra diez mil toneladas
de partículas de polvo interplanetario.
¡Y después te echan la culpa de toda la suciedad
que tienes en tu habitación!

449

Hace unos 3000 años, los fenicios inventaron
el alfabeto. ¡Pero no usaban vocales! Por suerte,
después vinieron los griegos y se las agregaron.

450

Attila, el Huno, nació en el año 406 y murió
en el 453. *Attila* significa "Pequeño Padre".
Menos mal que era pequeño porque anduvo
matando gente durante varios años.

451

El trigo es la planta más cultivada en todos
los continentes. De su harina hacemos el pan
de cuya miga hacemos bolitas para arrojárselas
a nuestros hermanos por la cabeza.

452

El Rey Mongkut de Siam tuvo 9.000 esposas.
¡Estuvo más tiempo de luna de miel
que gobernando!

453

En italiano, *mafia* significa "belleza, excelencia,
coraje". Coraje hay que tener para enfrentar
a sus miembros...

454

El primer astronauta estadounidense en orbitar
sobre la Tierra fue John Glenn. No sabemos
si fue para el lado contrario del ruso
Yuri Gagarin, para llevarle la contra.

455

Todos los mamíferos que comen carne tienen
al menos cuatro dedos en cada pie. Nosotros
tenemos cinco... ¡les ganamos, les ganamos!

456

El húngaro Lászó Biró inventó la birome
o bolígrafo en 1938. Si se hubiera llamado Bobo,
la birome se llamaría "bobome".

457

Dijo el filósofo francés Voltaire: "Quienes creen
que el dinero lo hace todo, terminan haciendo
todo por dinero". (Si no la entendiste, danos unos
dólares y te la explicamos.)

458

El diámetro de la Luna es de 3.456 kilómetros.
El de la Tierra, medido por el Ecuador, es de 12.800.

459

El fútbol se juega con los pies y no con las manos.
(Si lo haces con la mano es básquet.)

460

Un pavo salvaje puede correr hasta 25 kilómetros
por hora cuando está asustado. Si le muestras
una película como *Scream*, ¡tal vez salga
corriendo más rápido!

461

Las mujeres roban en los negocios cuatro
o cinco veces más que los hombres.
Menos mamá, que es buena.

462

**A LEONARDO DA VINCI LE TOMÓ CUATRO AÑOS
PINTAR LA *MONA LISA*.**

463

Un canguro grande puede saltar 10 metros de largo
y hasta más de 3 metros de alto. ¡Ideal para jugar
al básquet!

464

Hay cucarachas de hasta 9 centímetros de largo.
¡Tendríamos que pisarlas con los dos pies juntos!

465

100 tazas de café tomadas en el transcurso
de 4 horas pueden matar a un ser humano.
No sabemos qué ocurre si bebe 99.

466

Los premios Nobel son otorgados a personas
destacadas en las áreas de la física, química,
economía, medicina y literatura, y a aquellas
que hagan contribuciones por la paz en el mundo
(que no eres tú cuando te peleas con tu hermano).

467

La tabla *Ouija* se llama así por la afirmación
sí en francés y en alemán: *oui* y *ja*. Y cuando
la usamos nos da un miedo que no nos deja decir
ni una palabra.

468

El idioma inglés es el lenguaje con más vocablos,
con aproximadamente 455.000 palabras activas
y 700.000 palabras muertas. Las que murieron...
¿adónde las enterraron?

469

El ciempiés puede llegar a tener entre 15 y 170 pares de patas, según la especie. Menos mal que no usa zapatos porque perdería todo el tiempo poniéndoselos.

470

Desde 1898, la historia de la *Cenicienta* ha tenido alrededor de 60 representaciones cinematográficas, ya sea en película o en dibujos animados, alrededor del mundo. (¿No se les ocurre otra cosa?)

471

Un tambor es un instrumento de percusión. (Ideal para tocar cuando mamá o papá están durmiendo la siesta.)

472

El refrán dice: "El saber no ocupa lugar". (Sí que ocupa, porque cuando estudiamos no nos queda lugar en el cerebro para pensar en los jueguitos.)

473

**HAY ELEFANTES QUE VIVEN HASTA 70 AÑOS DE EDAD,
BALLENAS HASTA 90 Y HUMANOS HASTA 120 AÑOS.**

474

El perro Chihuahua o Chihuahueño
fue descubierto en el estado de Chihuahua,
en el norte de México.

475

Se denomina *bosquimanos* a varios pueblos
africanos, considerados unos de los más antiguos
de la Humanidad. (Pero ellos no lo saben,
porque no leen este libro.)

476

Se necesitan 17 músculos faciales para sonreír.
¡Sonríe, que no tienes que hacer tanto esfuerzo!

477

La molécula del amoníaco se forma con un átomo
de nitrógeno y tres de hidrógeno. Pero si quieres
un litro de amoníaco, vas a necesitar muchos
átomos más.

478

El trigo y la cebada son los primeros cereales
que cultivó el hombre. ¿Adónde los cultivó?
¡En la tierra! ¿Dónde va a ser?

479

Sólo los cerdos sufren de intolerancia al sol
como los humanos y pueden tener quemaduras
en la piel. ¡Pónganles protector solar!

480

Existen 3.500 millones de gallinas en el mundo,
casi una por cada ser humano. Sin sumar
a tu hermano, que es un gallina.

481

Asia es el continente más grande del mundo
y Oceanía, el más pequeño. ¿Asia no le podría
prestar unos metros a Oceanía?

482

La serpiente mamba negra del sur de África
puede moverse a una velocidad de 50 kilómetros
por hora mientras persigue a un hombre montado
a caballo. Mejor no ir a caballo y tomarse un tren,
así no nos alcanza.

483

La Basílica de San Pedro puede acomodar
a 50 mil personas. Desacomodadas, sólo Dios
sabe cuántas pueden entrar.

484

El río Potomac cruza Washington, la capital
de Estados Unidos. (Así que si vas por Washington,
ten cuidado de no caerte en el río.)

485

Los osos polares pueden oler a una distancia
de 30 kilómetros. Mejor ponte desodorante,
si no desde lejos un oso polar te puede gritar:
"¡Eres un sucio, eres un sucio!".

486

Batman apareció por primera vez en la historieta
Detective Comics No. 27, en mayo de 1939.
En esa época, todavía no tenía el dinero
para construirse la baticueva.

487

El cuerpo humano tiene usualmente entre 4 y 5
metros cuadrados de piel. En el caso de la barriga
de tu papá, más que metros cuadrados
tiene metros redondos.

488

La sensación que da cuando una parte de nuestro
cuerpo "se duerme" es llamada *neurapraxia*. Cuando
te duermes en clase se llama... aburrimiento.

489

El Sol tiene entre 20 y 21 años cósmicos de edad.
No sopla velitas, porque de tanto calor
se le derretirían.

490

En la mitología griega, *Nike* era la diosa
de la victoria. No sabemos si usaba
calzado deportivo.

y

491

El estadounidense Earl D. Tupper inventó en 1942
el *tupperware*, recipiente de plástico durable
para guardar alimentos. Especialmente, los que tú
no comes y mamá te los hace comer al otro día.

492

El nombre *América*, no se puso en honor
al cartógrafo Américo Vespucio, sino que al parecer
vendría del nombre de una tribu de indios
del Caribe llamados *Amaracas*. (Que no tocaban
las maracas.)

493

El intestino delgado mide de 6 a 8 metros
de largo. El grueso mide 2 metros. Y todo eso
lo tienes en tu barrigota.

494

**LOS COLORES DEL ARCO IRIS SON ROJO, NARANJA,
AMARILLO, VERDE, AZUL, ÍNDIGO Y VIOLETA.**

495

Los actores que han representado a James Bond
han sido: Sean Connery, George Lazenby,
David Niven, Roger Moore, Timothy Dalton,
Pierce Brosnan y Daniel Craig. Al final,
¿cuál es el verdadero?

496

Superman apareció por primera vez en los *Action
Comics No. 1*, en junio de 1938. Desde entonces
no sabemos cuántos kilómetros ha volado.

497

**JESÚS CRISTO PROBABLEMENTE NACIÓ EN EL AÑO 6
ANTES DE CRISTO. ¡QUÉ ADELANTADO!**

498

Avatar significa "la encarnación humana de Dios"
en hindú. Así que cuando te haces un avatar tuyo
en Internet... ¡eres un Dios!

499

La edad de la Luna es de aproximadamente 4.720
millones de años. No le festejan el cumpleaños
porque con tantas velas, se incendiaría toda.

500

La piel del tigre es rayada, no sólo su pelambre.
¡Falta que también tenga rayados el corazón
y el estómago!

501

Existen alrededor de 8.000 especies de manzanas.
¡Y eso que son todas rojas! ¡Y alguna verde!

502

Según dicen los científicos, la Tierra se formó
hace 4.600 millones de años. Y no tiene
demasiadas arrugas...

503

**EL LIBRO MÁS ROBADO EN ESTADOS UNIDOS
ES LA BIBLIA.**

504

Hasta un 40% de las mordidas por víboras
de cascabel son "mordidas secas", que casi
no contienen veneno. Se ve que las cascabeles
no quieren gastar veneno así porque sí.

505

El pedacito que cuelga en nuestra garganta
y llamamos *campanilla* en realidad se llama
"úvula". (Sigamos diciendo campanilla,
que es más fácil de recordar.)

506

En una noche sin Luna, sin nubes ni polvo
y en un lugar oscuro y sin obstrucciones
en el horizonte, pueden observarse alrededor
de 2.500 estrellas a simple vista.

507

Algunas especies de insectos pueden volar
a alturas de entre 800 y 1.500 metros. Y si miran
para abajo... ¡ven a los hombres como insectos!

508

EL CHAMPAGNE FUE INVENTADO POR UN MONJE
DEL SIGLO XVIII LLAMADO *DOM PERIGNON*.

509

En el universo que conocemos y hasta donde
nuestra tecnología nos permite ver,
el número de estrellas es estimado
en 10.000.000.000.000.000.000.000.
En este dato, ¡lo que no faltan son ceros!

510

El británico Jack Broughton inventó
el guante de boxeo. Y se agarró a trompadas
con varios para probarlo.

511

Un hoyo de golf tiene 10 centímetros de diámetro
y al menos 10 centímetros de profundidad.
Aunque algunos hoyos que tiene tu primo
en la cara... ¡son más grandes!

512

La cucaracha tiene dos cerebros, uno en la cabeza
y otro menor en su cola. Así que si se tira
un pedito... es un pensamiento.

513

**EL OSO POLAR TIENE LA PIEL NEGRA BAJO
SU PELAJE BLANCO. ¿QUÉ ES? ¿UN DISFRAZADO?**

514

El reloj atómico del Laboratorio Naval
de Investigaciones en Washington, Estados Unidos,
se atrasa un segundo cada un millón setecientos
mil años. ¡Qué impuntual!

515

**EL CORAL ESTÁ HECHO DE ESQUELETOS
DE PEQUEÑOS ANIMALES.**

516

El filósofo griego Platón pensaba que el amor
era una enfermedad mental grave. El que estaba
grave parece que era Platón.

517

El mes de febrero del año 1865 fue el único mes
en la historia en que no hubo Luna llena.
Se ve que la Luna no tenía ganas de llenarse.

518

El nombre más común en el mundo
es Mohammed. No puedes fallar: vas caminando
por la calle, gritas "¡Mohammed!" y seguro
que alguien se da vuelta.

519

Los esquimales tienen cientos de palabras
para nombrar la nieve y el hielo. ¡Y claro,
habiendo solamente hielo y nieve donde viven,
algo se tienen que inventar!

520

Las estrellas de mar no tienen cerebro. Algunos
de nuestros compañeros de clase... ¡tampoco!

521

Benjamin Franklin propuso al Congreso
Continental de Estados Unidos en 1789
que el símbolo nacional fuera el pavo. Al final
quedó el águila. No fueron tan pavos...

522

El frenillo que va debajo de la lengua sirve
para que uno no se la trague y se ahogue con ella.
(¡No te vas a andar comiendo tu propia lengua!)

523

El faraón egipcio Ramsés II tuvo 100 hijos.
Si tú te peleas con tu hermano, ¡imagínate el lío
que sería pelearse con 99!

524

Los *tsunamis* son gigantescas olas causadas
por terremotos en el medio del mar. ¡Por las dudas,
si viene un tsunami no te pongas a surfear!

525

La sustancia natural más dura en la Tierra
es el diamante. ¿Viste? ¡No es tu cabeza!

526

El actor Sylvester Stallone (*Rocky, Rambo*)
limpiaba las jaulas de los leones en un zoológico
en el Bronx, Estados Unidos.

527

En Suiza, en una película llamada *Mi Sueño*,
en 1940, el director arregló que al proyectarla
en el cine, un abanico diseminara olores de flores,
árboles y carne cocida. ¡Menos mal que los actores
no iban al baño!

528

**ALGUNAS REINAS DE TERMITAS VIVEN HASTA
MEDIO SIGLO. ¡LLEGAN A SER ABUELAS!**

529

Las mulas son el resultado de la cruza
de un burro con una yegua. Qué suerte
que no las cruzaron con un puercoespín, si no
nos pincharíamos al montarlas.

530

El nervio ciático es el nervio más largo del cuerpo
humano. Y no te decimos más porque este dato
nos pone nerviosos.

531

El lago Great Salt, en Estados Unidos,
contiene tanta sal que hace que cualquier
cosa flote. ¡Hasta el grandote más pesado
de tu vecindario!

532

**EL CUERVO PUEDE VIVIR HASTA 80 AÑOS.
¡Y PARA VOLAR NO USA BASTÓN!**

533

Las construcciones que hacían los Incas estaban
hechas con piedras que moldeaban tan
exactamente y encajaban tan bien que ni siquiera
una hoja de cuchillo cabía entre ellas. Lo que
no sabemos es si los Incas inventaron el cuchillo.

534

El farmacéutico John Pemberton inventó
la *Coca Cola*. ¡Qué suerte, si no beberíamos agua,
que no tiene gusto a nada!

535

Los padres más jóvenes del mundo tenían
8 y 9 años y vivieron en China en 1910.
Se descuidaban un poco... ¡y sus hijos
tenían más edad que ellos!

536

El Dr. William Moulton Marston fue el inventor
del detector de mentiras. Menos mal que
los padres no tienen uno en casa, porque de tantas
mentiras que decimos... ¡el aparato explotaría!

537

LA PALABRA *OJALÁ* VIENE DEL ÁRABE *OJ* (PRIMERO)
ALÁ (DIOS). OJALÁ QUE LO HAYAS ENTENDIDO.

538

Los perros tienen la nariz húmeda porque carecen
de glándulas sudoríparas. Por eso, no usan
antitranspirante para las axilas.

539

La nuez moscada es extremadamente venenosa
si es inyectada en forma intravenosa. ¿Y quién
es el tonto que se va a inyectar nuez moscada?

540

Los seres humanos son los únicos primates
que no tienen pigmentación en las palmas
de sus manos. (Si te pones a aplaudir y te quedan
las manos rojas... ¡eso no es pigmentación!)

541

En 10 minutos, un huracán libera más energía que
todas las armas nucleares del mundo combinadas.
Aunque preferimos que haya un huracán y no
que tiren bombas atómicas por todos lados.

542

A la parte de metal que soporta la pantalla
de una lámpara de mesa se le llama *arpa*.
¡Pero ésta no suena!

543

Número promedio de días que un alemán pasa
sin lavar su ropa interior: 7. ¡Más sucios
que tus compañeros de escuela!

544

La reina Isabel I de Inglaterra mandó a inventar
el primer armario. ¿Sería porque no tenía
en dónde esconder a algún novio secreto?

545

Islandia consume más *Coca Cola* per cápita que
ningún otro país en el mundo. ¿Tanta sed tienen?

546

La biblioteca de la Universidad de Indiana
se hunde más de 3 centímetros por año,
pues al diseñar el edificio, olvidaron calcular
lo que pesarían los libros.

547

David Prowse fue el actor en el traje de Darth Vader
en *Star Wars*. Pero la voz no es de él, sino del actor
James Earl Jones. ¡Un caso de doble personalidad
el de Darth Vader!

548

A la explosión de una estrella se le llama
Supernova y se estima que puede generar
una energía de 10.000.000.000.000.000.000.000.000.
000.000.000.000.000.000.000.000 ergs.
¿Qué son los ergs? No sabemos, pero si estás
cerca de una Supernova, mejor aléjate.

549

La palabra en inglés *nice*, que significa "agradable",
se deriva de la palabra en latín *nescius*,
o *ignorante*. Y hay gente que es agradablemente...
ignorante.

550

Los ciudadanos del Imperio Romano construían
sus camas rellenando con paja un saco de tela.
La paja debía ponerse a secar cada día,
por eso, las camas tenían que volverse
a hacer cada noche. ¿No era más fácil
inventar el colchón?

551

LA *PANTOFOBIA* ES EL MIEDO A LOS MIEDOS.
LA VERDAD, ESTE DATO NOS DA MIEDO.

552

La letra más vieja en el alfabeto es la "O", usada
por primera vez por los egipcios unos 3.000 años
antes de Cristo. Es decir que, antes de esa época,
a una persona llamada *Osvaldo* le decían "Svald".

553

PROBABLEMENTE ASIA TOMÓ SU NOMBRE DE LA
PALABRA ASIRIA *ASU*. ¡ASU SON LAS COSAS!

554

Si viajas de Oeste a Este, por ejemplo, de Japón
a California, ganas un día: martes se convierte
en lunes. Si vas hacia el lado contrario, lunes
se convierte en martes. Mejor viajar un miércoles
para evitar problemas.

555

Cuando se usa un teléfono celular mientras
se maneja el auto, el riesgo de accidente sube
un 34%. No hay estadísticas sobre qué pasa
cuando atiendes el celular y juegas
con los autitos al mismo tiempo.

 **556**

La gacela, un antílope africano, no bebe agua.
Para sobrevivir extrae la humedad que requiere
de la comida que consume.

 **557**

LASER significa *Light Amplification by Stimulated
Emissions of Radiation* (luz amplificada
por emisiones estimuladas por radiación).
Cuando Darth Vader saca su espada láser ocurre
toda esa explicación anterior.

 **558**

Un *tricotilomaníaco* es alguien
que compulsivamente se tira su propio cabello.
(Cuando le tiras el pelo a tus compañeros
de colegio no eres *tricotilomaníaco*: eres solamente
una criatura muy traviesa.)

 **559**

La historia de *Aladino y la lámpara maravillosa*
es una de las más famosas del libro
Las mil y una noches.

560

El nombre completo de la ciudad de Los Ángeles,
en Estados Unidos, es: "El Pueblo de la Reina
de los Ángeles sobre el Río de la Porciúncula".
(Mejor decirle L. A., que es más fácil.)

561

Las jirafas tienen la misma cantidad de vértebras
en su cuello que las que tenemos los humanos
en el nuestro. Siete. ¡Pero en ellas son pedazos así
de grandes de vértebras, de lo contrario,
no tendrían el cuello tan largo!

562

El rugido de los leones en la jungla es indicador
de que ése es su territorio. Por las dudas,
no te acerques porque si no, en lugar de rugidos
vas a escuchar ruido de mordidas.

563

Los cocodrilos nunca juegan entre ellos. Cuando
uno ve que se están mordisqueando las colas
unos con otros, es porque están peleando. (Y claro,
¿a qué quieres que jueguen los cocodrilos?
¿Al *Monopoly*?)

564

Madame de la Bresse indicó que sus ahorros
de 125.000 francos fueran usados... ¡para comprar
ropa para los muñecos de nieve de París, Francia!
Está bien, pobrecitos: los muñecos sufren el frío,
si no los abrigan bien.

565

El queso *parmesano* fue llamado así por la ciudad
italiana de Parma. Le podrían haber puesto
parmamoso, parmuchino, parmamado, parmanense...
Había otras opciones.

566

En el estado de Kentucky, Estados Unidos,
es contra la ley arrojarle huevos a un orador
en público. ¡Pero naranjas se le pueden tirar!

567

Los pterosaurios eran una especie de lagartos
voladores gigantes que competían con las aves
por el dominio de los cielos. Se extinguieron
hace unos 65 millones de años.

568

El maíz es la planta grande que puede crecer
en cualquier lugar, desde las regiones polares
hasta las calientes selvas tropicales. Pero no
plantes en el Polo, porque por ir a cosechar
el maíz te vas a morir de frío.

569

Sólo algunas especies de pirañas son carnívoras:
muchas comen frutas. Ahora te preguntarás:
¿Cómo hacen para pelar una naranja?
Y te respondemos: ¡Con cuchillo y tenedor,
por supuesto!

570

Cuando los gorilas se golpean el pecho
con sus puños, es usualmente de emoción.
¡Pero que no se emocionen golpeando tu cabeza!

571

El queso suizo, es obviamente de Suiza, pero allá
le llaman *emmenthaler*. Claro, porque en Suiza
ya saben que es un queso suizo.

572

Si amarras un elefante a un medidor
de estacionamiento en Orlando, Estados Unidos,
tienes que pagar como si fuera un auto. Siendo así:
¿por dónde se le cargaría gasolina al pobre animal?
¿Por la trompa o por algún otro lado?

573

En los Estados Unidos se gastan anualmente
casi 60 mil millones de dólares en productos
de belleza. Y en Europa gastan 50 dólares
por persona al año sólo en helados. Mejor gastar
en helados... ¡que sean una belleza!

574

Hasta el siglo IV los Reyes Magos fueron dos,
cuatro, seis, doce o sesenta, según fuera
la tradición. ¡Menos mal que no son 60, si no
habría que dejarles 800 kilos de comida
para los camellos!

Los turrones se incorporaron a la mesa de Navidad alrededor del siglo XVI. Desde entonces, todos empezaron a romperse los dientes y los dentistas, a tener más trabajo.

En 1943, Thomas Watson, director de *IBM*, hizo una declaración diciendo: "Yo creo que hay un mercado mundial para quizá cinco computadoras". ¡Cómo acertó!

Una persona morirá más rápido por no dormir que por no comer. El hombre sólo puede aguantar 10 días sin sueño, pero puede estar varias semanas sin comer. Entonces, cuando uno desea quedarse en la cama y no quiere ir al colegio, en realidad está haciendo algo bueno para la salud.

La *tricofobia* es el miedo al cabello. ¿Y qué te va a hacer un cabello? Un caballo te puede dar una patada, pero un cabello... ¡nada!

579

Desde que nacemos nuestros ojos siempre
son del mismo tamaño, pero nuestra nariz
nunca deja de crecer. (Mejor, así es más fácil
meterse el dedito y sacarse los moquitos.)

580

El chocolate contiene *phenylethylamine PEA*,
sustancia natural que estimula en el cuerpo
la acción de enamorarse. Por eso, a la chica
o el chico que te gusta regálale un kilo
de chocolate y... ¡caerá a tus pies!

581

Una hoja de papel de cualquier tamaño o textura,
no se puede doblar a la mitad y a su vez
a la mitad, más de 8 veces. ¡Por más que hagas
sentar un elefante encima!

582

Antes de la batalla, los centuriones romanos
pasaban por la manicura y además se depilaban
el vello de las piernas. ¿Iban a la guerra
o a un baile?

En Turín, ciudad del norte de Italia, más de 40.000
personas rinden culto al diablo. Y los que no,
les dicen: ¡váyanse al infierno! ¡Qué locos!

Cada día mueren en nuestro cerebro más de cien
mil neuronas, que jamás se reponen. Y hay
algunos que aparecen en televisión a quienes
parece que se les murieron todas...

Cada día producimos 1 centilitro de lágrimas:
las lloremos o no. Pero ya que las producimos...
¡lloremos a mamá para que nos compre golosinas!

En un niño de un año de vida, el corazón late 125
veces por minuto; a los 80 años, el corazón
de una persona late apenas 80 veces por minuto.
Y claro, a esa edad el pobre corazón está cansado...

LA *COCA COLA* ERA ORIGINALMENTE VERDE. DESPUÉS
SE DIERON CUENTA DE QUE ERA LA *SEVEN UP*.

588

Una persona normal ingiere unos 20 mil litros
de agua en toda su vida, pero un elefante toma
eso en sólo 3 meses. Cuando al elefante
le dan ganas de hacer pis, es capaz de hacer
un lago de una sola orinadita.

589

"La grandeza de un hombre consiste en saber
reconocer su propia pequeñez." Lo dijo Blas Pascal
pero para nosotros... ¡lo habrá dicho Pulgarcito!

590

El gran compositor musical Ludwig Van
Beethoven se quedó sordo. ¡Y no fue
por escuchar su propia música!

591

Los signos del Zodíaco son 12: El primero es Aries
y el último, Piscis. El resto... ¡búscatelo tú,
si no este libro se va a hacer muy largo!

592

El hombre tardó 22 siglos en calcular la distancia
entre la Tierra y el Sol. (Se ve que no tenía prisa.)

593

El imperio más grande de la historia
de la humanidad fue el Imperio Británico,
durante el siglo XIX. Después los británicos
se fueron para su casa y dejaron vivir tranquilos
a muchos países.

594

La Torre de Hércules, en las afueras de La Coruña,
en España, es el faro más antiguo que aún
está en uso.

595

En Italia no se puede sacar el registro de conducir
sin saber andar en bicicleta. No hay nada sobre
los que saben andar en skate.

596

El auto más vendido de la historia es el *Corolla*
de *Toyota*. (Si quieres ser original, cómprate otro.)

El 23% de las fallas en las fotocopiadoras
en el mundo están causadas por personas
que se sientan encima y se fotocopian el trasero.
¡Estos sí que se pasaron de la raya!

Harry Stevens inventó la pajita, pajilla, popote
o sorbete. No importa el nombre: importa
que puedes seguir mirando un partido mientras
bebes una gaseosa sin volcártela encima.

Un punto rojo en la frente de una mujer hindú
significa que se trata de una mujer casada.
Menos mal que no le tatúan la palabra "casada",
que quedaría tan feo.

Nueva Zelanda fue el primer país en permitir
el voto de las mujeres, en 1893.

**ALBERT EINSTEIN FUE EL CREADOR DE LA TEORÍA
DE LA RELATIVIDAD.**

602

El rey Carlos VII dejó de comer por temor
a ser envenenado y murió de hambre.
Quedó tan flaquito que casi lo entierran
metido en el estuche de un violín.

603

¿Por qué se dice que la nobleza es de *sangre azul*?
Al no realizar tareas en el campo, las venas
de los nobles a través de su blanquísima piel
parecían llevar sangre azul.

604

La Tierra viaja a una velocidad de 106 mil
kilómetros por hora alrededor del Sol.
(¡Tendrían que hacerle una multa
por ir tan rápido!)

605

Dijo el escritor Ralph Waldo Emerson: "Jamás
ha habido un niño tan adorable que la madre
no quiera poner a dormir". (Como tu mamá,
que desea que te duermas lo antes posible
para que no sigas molestando.)

606

Si tratas de contener un estornudo, puedes romperte
un vaso sanguíneo en la cabeza o el cuello
y morir. (Mejor estornudarle en la cara a alguien,
si no queda más remedio.)

607

Se denomina *clinofobia* al miedo a acostarse
en una cama. ¿Será por eso que algunos chicos
se duermen sentados en clase?

608

En 1853, John Coffee construyó una cárcel
en Dundalk, Irlanda. Quedó en bancarrota
por el proyecto y se convirtió en el primer preso
de su propia cárcel. (Decirle tonto es muy poquito.)

609

"No nos gusta cómo suenan, y la música
de la guitarra está pasada de moda", dijeron
los de *Decca Recording Company*, en 1962,
al rechazar a *Los Beatles*. (¡Qué visión
de futuro tenían...!)

610

La reina Juana "La Loca" mantuvo el cuerpo
de su marido varios meses después de fallecido
sin enterrar, porque creía que alguna ex-amante
podría robárselo, así que de vez en cuando, abría
el ataúd para asegurarse de que todavía estuviera
ahí. (Ahora sabemos por qué le decían "la loca".)

611

Las abejas nacen con el mismo tamaño
que tendrán a lo largo de su vida. (Si crecieran
serían tan grandes que no podrían volar.)

612

En Estados Unidos se consumen unos 3.040
millones de litros de agua embotellada al año.
Cuando tú te comes tres paquetes de *snacks*
y patatas fritas, ¡te dan ganas de tomarte
toda esa agua junta!

613

Las moscas tienen 15.000 papilas gustativas
en las patas. No sabemos si a todos los alimentos
los sienten con "olor a pata".

EL TAMAÑO DEL CEREBRO DE UN COCODRILO ES IGUAL AL DEL DEDO PULGAR DE UNA PERSONA.

El dramaturgo griego Sófocles llegó a escribir 123 tragedias. (No te hacía reír nunca.)

Niels Henrik David Bohr fue un físico danés que realizó importantes contribuciones para la comprensión de la estructura del átomo. (Y eso que no podía verlo, de tan chiquito que es.)

Un par de banquetes reales costaban a la reina Isabel La Católica tanto como costó patrocinar el primer viaje de Cristóbal Colón al nuevo mundo. (¡Cómo comían!)

618

El mayor crustáceo del mundo es el cangrejo
gigante de Japón. Aunque su cuerpo mide sólo
33 cm, sus patas sobrepasan los 5 metros.
Por lo tanto, es difícil encontrarle pantalones
que le queden bien.

619

El ser humano tiene más de 600 músculos.
Una oruga, más de 2.000. Menos mal
que las orugas no van al gimnasio,
pues tendrían unos músculos así de grandes
y nos matarían a trompadas.

620

La jirafa es el único mamífero que no tiene
cuerdas vocales, por lo que es completamente
muda. (Total, una jirafa no tiene mucho
que decir.)

621

El satélite natural Europa pertenece a la órbita
del planeta Júpiter. Pero no es Europa,
el continente. Si no, habría franceses, alemanes,
españoles e italianos en Júpiter.

622

El cocodrilo del Nilo puede alcanzar hasta
7 metros de largo. Y el valiente que lo fue a medir
tenía unos testículos de 14 metros de largo.

623

**LA ENSALADA RUSA EN RUSIA SE LLAMA *ENSALADA
AMERICANA*. ¿QUIÉN ENTIENDE A LOS RUSOS?**

624

En Australia existe una especie de lombriz
de tierra que puede crecer hasta 3 metros.
(Sirve de carnada para poder pescar ballenas.)

625

La hembra de los caballitos de mar o hipocampos
pone sus huevos en el macho y es éste el que
queda embarazado. (Y los caballitos de mar
al nacer, ¿qué dicen: papá o mamá?)

626

El alemán Michael Schumacher es el piloto
de Fórmula 1 que obtuvo más campeonatos
de la categoría: un total de 7. ¡Lo corrían
y no lo podían alcanzar!

627

El estadounidense Stephen King es el escritor
que más libros de terror ha vendido en el mundo.
Tanto vendió que las cifras son... ¡de terror!

628

Diego Maradona comenzó su carrera como
futbolista profesional en el club *Argentinos
Juniors*. (¡Y los demás equipos tenían
una envidia...!)

629

El autor de la obra teatral *Doña Rosita la soltera*
es el español Federico García Lorca... cuyo apellido
es *calor*, pero al revés. ¡Ja, qué observación!

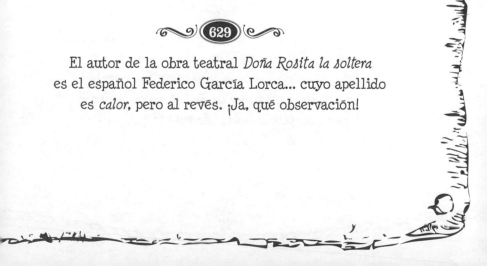

630

Un hipopótamo corre más rápido que un hombre.
Puede alcanzar los 40 kilómetros por hora.
Gordo pero rápido.

631

La paleontología es la ciencia que trata
sobre los seres orgánicos desaparecidos a partir
de sus restos fósiles. (Los paleontólogos
son los que juntan huesos y después te arman
un dinosaurio así de grande... entre otras cosas.)

632

Uno de los insectos más fuertes es el escarabajo
atlas. Puede levantar más de 800 veces
su peso corporal, equivalente a un hombre
levantando un tanque. Eso sí, el escarabajo
no puede levantar un tanque.

**UN *GAZAPO* ES LA CRÍA DE UN CONEJO.
NO ES EL GAS DE UN SAPO.**

J.R.R. Tolkien escribió la saga de
El señor de los anillos. (Libros muy largos...
mejor mirar las películas.)

**EL SINÓNIMO DE *PERRO* ES *CAN*. PERO EL SINÓNIMO
DE PERROS NO ES CAN-CAN.**

Shakespeare escribió *Romeo y Julieta*, donde dos
jóvenes novios terminaban muertos porque
sus familias se odiaban. (Shakespeare podría
haber escrito algo más divertido.)

Luis Pasteur descubrió la vacuna contra la rabia
(la enfermedad). La verdad, también podría
haber hecho una vacuna contra las rabietas
de mamá cuando nos portamos mal.

638

EL INCREÍBLE HULK ES VERDE. SI FUERA AZUL,
SERÍA UN PITUFO GIGANTE.

639

México significa "en el ombligo de la Luna",
del náhuatl *Metztli* (Luna) y *Xictli* (ombligo).
(Así que cuando no tengas nada que hacer,
ponte a rascar el Xictli.)

640

EL, SIGNO, DE, PUNTUACIÓN, MÁS, USADO,
EN, EL, MUNDO, ES, LA, COMA.

641

Existen metales que puedes cortar
con un cuchillo. (Pero no un cuchillo de goma
o plástico, porque si no, no los cortarías.)

642

Las grandes montañas crecen en un año
de 1 a 9 centímetros. (Y sin ponerse zapatos
de tacones altos.)

643

**LAS FLECHAS SE DISPARAN CON LOS ARCOS.
(PERO NO DE FÚTBOL.)**

644

Un cuento es más corto que una novela.
(Pero no como este libro,
que no es ni cuento ni novela.)

645

Un *sinónimo* es una palabra que significa
lo mismo que otra. Por ejemplo: *zonzo* y *tonto*.
¿Entiendes, inteligente?

646

Cuando corren, los caballos, por un momento,
tienen todas las patas en el aire. (Sólo un
momento, si no serían aves y saldrían volando.)

647

La jirafa es el único animal que nace con cuernos,
aunque al nacer los trae aplastados contra
su cabeza, pero en una semana brotan.
(Y sin regarlos.)

648

El cerebro se divide en dos hemisferios.
(Aunque hay chicos que no tienen ni cerebro,
ni hemisferios, ¡ni nada!)

649

Las arterias llevan sangre con oxígeno,
y las venas llevan sangre con dióxido de carbono.
Pero cuando te caes de la bicicleta y te revientas
la cabeza, lo único que te importa es que la sangre
vuelva a ir por las arterias y por las venas,
¡y no por afuera!

650

Las agujas de un reloj se llaman *manecillas*.
(A menos que tengas un reloj digital
que te marque las horas con numeritos
sólo para llevarnos la contra.)

651

La capital de China es Beijing y la de la India,
Nueva Delhi. (Esto por si alguna vez te vas
con el auto y terminas cayendo en alguna
de estas ciudades.)

652

LOS QUE IMPARTEN JUSTICIA SON LOS JUECES.
PERO EN CASA ES MAMÁ Y HAY QUE HACERLE CASO.

653

La montaña más alta de América
es el Aconcagua, con casi 7 mil metros de altura.
Mejor mirarla de abajo, porque subir puede ser
muy trabajoso.

654

El máximo campeonato de fútbol a nivel
latinoamericano es la Copa Libertadores
de América. A pesar de ser una copa,
nadie bebe de ella.

655

En natación hay un estilo que se llama mariposa.
Sin embargo, los nadadores no salen volando
encima de la piscina.

656

Ben-Hur (1959), *Titanic* (1998) y *El Señor de los
Anillos: El Retorno del Rey* (2003) son las películas
que más premios se han llevado en los Oscar:
11 estatuillas. (En el caso de *Titanic* no fueron
a retirar el premio nadando.)

657

Algunas partes de la Antártida llevan 13 millones
de años congeladas. (¡Y sin usar freezer!)

658

Dijo el novelista francés Victor Hugo: "Cuando
el niño destroza su juguete, parece que anda
buscándole el alma". (Y tu hermano ha destrozado
hasta el alma de los juguetes, ¡bruto!)

659

Río de Janeiro fue capital de Brasil hasta 1960,
cuando la capital pasó a ser Brasilia.

660

Un partido de fútbol dura dos tiempos
de 45 minutos cada uno, con un descanso de
15 minutos en el medio. (Aunque algunos
que ni corren... ¿de qué van a descansar?)

661

**EL DÍA TIENE 86.400 SEGUNDOS. ¡Y TÚ UTILIZAS
43.200 PARA DORMIR!**

662

La Antártida contiene el 70% del agua dulce
del planeta. Pero si quieres su agua, deberás
chupar el hielo, y la lengua puede quedarte dura.

663

El personaje de historietas *Tintín* nació
en Bruselas (Bélgica) el 10 de enero de 1929.
¡Y todavía sigue vivo!

664

La cumbia es un género musical folclórico,
autóctono de la Costa Caribe colombiana.
Pero se dispersó por toda América. (¡Qué suerte!
Si no, ¿con qué ritmo moveríamos las caderas?)

665

**LA CAPITAL DEL PAÍS EUROASIÁTICO KAZAJSTÁN
ES ASTANA.**

666

El *666* es el número del mal, de la bestia.
No nos referimos a tu vecinito, sino
a una simbología bíblica.

667

El primer control remoto para la televisión
fue desarrollado por *Zenith Radio* a principios
de 1950. ¡Viva *Zenith Radio*! Si no, nos tendríamos
que levantar para cambiar los canales.

668

El cantante del grupo U2 es Bono, que es más fácil
de pronunciar que Paul David Hewson,
su verdadero nombre.

EL NOMBRE GENÉRICO DE LA PAPA O PATATA
ES *SOLANUM TUBEROSUM*. ¡MEJOR DECIRLE PAPA!

El neón es miembro de la familia de los gases
nobles. No como los gases que tira tu hermano,
que son innobles.

LOS CABALLOS SON HERBÍVOROS. POR ESO ES LINDO
ACARICIARLOS, PORQUE NO TE VAN A COMER LA MANO.

El primer emperador de Roma fue Octavio,
también conocido como Augusto. (Tal vez
le decían *Cholo*, para hacerlo más fácil.)

El escritor francés Jean-Paul Sartre escribió
el libro *El ser y la nada*. (A pesar de la nada,
el libro dice mucho.)

674

El dramaturgo Luigi Pirandello escribió la obra
teatral *Seis personajes en busca de un autor*.
(Léelo y fíjate si al final lo encuentran
o sigue perdido.)

675

Las planchas del siglo XVIII eran macizas
y de hierro fundido. Eran tan pesadas que,
para planchar una camisa, tenían que moverla
entre veinte personas por lo menos

676

La esposa de Claudio I de Roma trató
de envenenar a su esposo con hongos venenosos.
El doctor de Claudio trató de hacerlo vomitar
haciéndole cosquillas en la garganta con una
pluma de ave. Claudio se ahogó con la pluma
y murió. (Aquí fue peor el remedio
que la enfermedad.)

677

España es uno de los grandes productores
de aceitunas del mundo. (Lo que no se sabe
es adónde escupen tantos carozos o huesos
cuando se las comen.)

Los dibujitos que hacían los egipcios para escribir
se llaman *jeroglíficos*. (En cambio, los que hace
tu hermanita se denominan *mamarrachos*.)

La palabra *lechuga* deriva de la palabra leche,
por el juguito blanco que sale de la plantita.
Pero no es lo mismo preparar un café con leche
con leche, que con lechuga.

El extintor o matafuego fue inventado en 1813
por William George Manby. ¡Y no se le quemó
la cabeza por pensar en eso!

681

La rueda se inventó alrededor del año 4000 a.C.
Antes de esa época a las bicicletas las tenías
que llevar en el hombro, porque sin ruedas
no te conducían a ningún lado.

682

El boldo es un árbol originario de Chile,
cuyas hojas activan la secreción de saliva
y de jugos gástricos. Por eso, cuando tu padre
come como un caballo, después se toma
un té de boldo para sentirse mejor.

683

Un planeta es un cuerpo sólido celeste
que gira alrededor de una estrella
y que se hace visible
por la luz que refleja.

684

El primer secador de pelo portátil fue inventado,
en 1920, por la *Racine Universal Motor Company*
de Estados Unidos. (Alguien tuvo que mojarse
la cabeza para poder probarlo.)

685

LOS PADRINOS MÁGICOS ES UNA SERIE ANIMADA
CREADA POR BUTCH HARTMAN EN 2001.

686

Los primeros Juegos Olímpicos de la era moderna
se realizaron en Atenas, Grecia, en 1896.
Los deportistas, al ganar decían: *"Muchas grecias,
muchas grecias"*.

687

El 1º de julio de 1914, el científico británico
Archibald Low presentó a la sociedad de Londres
el primer modelo de televisor. ¡Pero todavía
no daban los dibujitos o caricaturas!

688

EL SINÓNIMO DE *PERRO* ES *CAN*. PERO UN *CANDADO*
NO ES UN PERRO QUE SE COMIÓ UN DADO.

689

Los productos derivados de la leche contienen
importantes cantidades de vitaminas A, D, B12
y de otros minerales, como el fósforo.
(Pero con ese fósforo no te vas a encender,
sigue tomando leche.)

690

Una emoción es un movimiento del alma
o del ánimo, algo que nos sacude o nos conmueve.
(Y no seguimos explicando para no llorar
de la emoción.)

691

Naruto es una serie manga (cómic) creada
por Masashi Kishimoto que luego pasó a ser
un animé. Muchas personas confunden *Naruto*
con *eructo* y eso es una falta de respeto.

692

Se denomina *hortaliza* a cualquier planta
que se cultive en una huerta y sea comestible,
en forma cruda o cocida. Por eso, el pasto no entra
en esta definición, a menos que seas una vaca
o un caballo.

693

El verdadero nombre de la cantante Madonna
es Louise Verónica Ciccone Fortin Ritchie.
Mejor decirle Madonna, si no, es muy largo.

694

LA PALABRA *PÁNFILO* SIGNIFICA "BOBALICÓN".
(ESTO, PARA QUE NO DIGAS SIEMPRE ZONZO O TONTO.)

695

Kart Benz fue el primero que patentó un vehículo,
en 1886. Era como un triciclo con motor.

696

El chino Ling-la, por el año 3000 a.C., fabricó
la primera flauta de bambú con sólo 5 agujeros.
Menos mal que no le hizo 300 agujeros, sino
no le hubieran alcanzado los dedos para tocarla.

697

Los cocodrilos pueden alimentarse una sola vez
al año. Pero para no tener hambre,
¡se deben comer un elefante!

698

El laboratorio de Dexter es una serie de animación
creada por Genndy Tartakovsky en 1996.

699

Un *antónimo* es una palabra que significa
lo contrario a otra palabra, como *tonto* e *inteligente*.
¿Entiendes, inteligente? (Jamás te diríamos *tonto*,
porque si lees este libro ya eres inteligente.)

700

Blancanieves es el primer largometraje animado
de lengua inglesa. (Aunque los escuchemos
en español, originalmente los enanitos hablaban
en inglés.)

701

El Mar Egeo es una parte del Mar Mediterráneo
que baña las costas de Grecia y Turquía.
Si las baña... ¡qué limpitas deben quedar!

702

La capital del país europeo Albania es Tirana.
No sabemos si los que viven allí
son tiranos o buenitos.

703

LOS ESCORPIONES PUEDEN VIVIR 15 AÑOS O MÁS.
(SI NO VIENE UN DISTRAÍDO Y LOS PISA ANTES.)

El lugar más frío de la Tierra es Vostok,
en la Antártida: la temperatura puede llegar
a 88 grados bajo cero. Pero en verano todo cambia:
¡llega a 87 grados bajo cero!

El cerebro humano pesa un promedio
de 1.380 gramos. ¡Pero no te lo saques
para pesarlo, por favor!

El gato era un animal sagrado para los egipcios,
en la época de los faraones.

**EL AJO ES BUENO PARA EL CORAZÓN. ¡PERO NO PARA
TU ALIENTO SI QUIERES BESAR A ALGUIEN!**

Un partido de básquet de la NBA dura 4 cuartos
de 12 minutos. O 2 tiempos de 24 minutos.
O 48 minutos en total. ¡Elige lo que más te guste,
total es lo mismo!

709

EL CORAZÓN HUMANO TIENE CUATRO CAVIDADES:
DOS AURÍCULAS Y DOS VENTRÍCULOS.

710

El herrero alemán Johannes Gutenberg inventó
la imprenta de tipos móviles, la cual facilitó la
impresión de libros de manera mucho más rápida.
(¡Gracias, Gutenberg! Si no, este libro no existiría.)

711

William Harvey descubrió cómo circula la sangre
por todo el cuerpo. (Pero no explicó cómo circula
cuando te caes, te raspas contra el suelo
y empieza a salir sangre por la herida.)

712

Una persona típica tiene más de 1.460 sueños
al año. (Pero como tú siempre duermes de más...
¡tal vez llegues al millón!)

El espermatozoide es la célula germinal
masculina que fecunda al óvulo
o célula femenina. ¿Cómo lo logra?
¡Que te lo expliquen tus padres!

En 1961, el ruso Yuri Gagarin efectuó
el primer vuelo orbital a la Tierra y regresó
después de volar durante 108 minutos.

**DEL PETRÓLEO DERIVAN OTROS PRODUCTOS,
COMO LA GASOLINA, EL GAS-OIL Y EL QUEROSENE.**

Un auto de Fórmula 1 puede alcanzar en una recta
la velocidad de casi 400 kilómetros por hora.
¡Fiuummmmm!

Inglaterra fue el primer país en utilizar la goma
de borrar. (Lamentablemente, no inventaron
una goma que te borre del aula justo
en el momento en que la maestra te está
por llamar a dar la lección.)

Cada 4 años hay un año bisiesto, es decir,
que se le agrega un día más a febrero. (Si estás
de vacaciones para esa fecha, ¡hurra!)

En 1940 se presentó el primer microscopio
electrónico, que sirve para ver cosas
más pequeñitas que el cerebrito de tu hermano.

En 1947, por primera vez se rompe la barrera
del sonido: lo hace un avión modelo Bell X-1.
(Después de romperla, no sabemos
quién la arregló.)

**EL ARROZ ES ORIGINARIO DE LA INDIA. EL ARROZ
CON POLLO... NO SE SABE.**

La pintura existe en las sociedades humanas
desde los finales de la civilización paleolítica,
entre los 10.000 y los 30.000 años antes de Cristo.
¡Y eso que no tenían lápices!

723

El libro *Las aventuras de Pinocho* fue escrito
por Carlo Collodi en 1882. Pinocho era un muñeco
de madera que quería convertirse en un niño
de verdad, cosa que tus padres quieren conseguir
con tu hermano, pero a veces él es tan bruto...

724

El filósofo Descartes fue quien dijo la frase:
"Pienso, luego existo". (Es decir, si no
pensamos demasiado, tal vez no existamos.
O existamos poco.)

725

El cantante Ricardo Arjona nació en la ciudad
guatemalteca de Antigua. (Sin embargo,
sus canciones son modernas.)

726

El libro *Los viajes de Gulliver* fue escrito
por Jonathan Swift, en 1726. Viajaba en barco...
¡porque en esa época no había avión!

727

El signo de Capricornio está representado
por una cabra. (Claro, si fuera por una vaca,
el signo sería *Vaquicornio*.)

728

En diciembre de 1972 Harrison H. Schmitt, piloto
del Módulo Lunar de la misión Apolo 17, fue
el último ser humano en pisar la Luna. (¡Nadie
se acuerda de él porque fue el último y, tal vez,
hasta se lo olvidaron en la Luna al pobrecito!)

729

El personaje griego Ulises también es conocido
como Odiseo. De allí viene el libro *La Odisea*
que trata de las aventuras de Odiseo, que fueron
una verdadera odisea... ¡Más fácil
es llamarlo Ulises!

730

Los hermanos Grimm escribieron el cuento
Hansel y Gretel, el de los dos hermanitos
que se perdían en el bosque y una bruja
se los quería comer.

731

El actor Peter Weller fue el protagonista
de la película *Robocop*, en donde un policía
se convierte en un robot de metal. (Pero el actor
no era de metal, sino de carne y hueso.)

732

**LA CAPITAL DE SUECIA ES ESTOCOLMO.
¡Y ESTO NO ES EL COLMO DE NADA!**

733

Para los aztecas, el dios de la muerte se llamaba
Mictlán, aunque nadie quería llamarlo
para que viniera.

734

Un sinónimo de *mentir* es *engañar*. (Pero ahora
no te estamos ni mintiendo, ni engañando...)

735

En el rugby hay que apoyar la pelota en el final
del campo del contrario. Eso se llama *try* y vale
5 puntos. Eso sí: para hacerlo tienes que pasar
por una maraña de manotazos y agarrones
que te dejan medio desmayado.

736

El planeta Marte tiene dos satélites naturales:
Deimos y Fobos. (Buahhh, nos ganó a nosotros,
que apenas tenemos a la Luna.)

737

Se puede decir *septiembre* o *setiembre*. (Si quieres
gastar tinta en poner la *p*, es un problema tuyo.)

738

Los peditos más chiquitos y silenciosos son los
más olorosos. (¡Qué malos estos chiquitos!)

739

Las cucarachas pueden sobrevivir hasta 9 días
sin cabeza. (No es tan sorprendente: hay actores
en la televisión que no tienen cabeza, ni cerebro,
ni nada... y siguen sobreviviendo.)

740

En 2006, la *Unión Astronómica Internacional* decidió
bajar de categoría a Plutón: pasó de ser uno
de los 9 planetas del Sistema Solar, a ser
un planeta enano.

741

Los glóbulos rojos y los eritrocitos son lo mismo.
(Pero suena más fino decir eritrocitos.)

742

**CLEOPATRA FUE LA ÚLTIMA REINA
DEL ANTIGUO EGIPTO.**

743

El dedo más gordo de la mano se llama pulgar.
(Salvo que te hayas golpeado el dedo índice
y su tamaño se haya duplicado por la hinchazón.)

744

El inventor del papel fue el chino Ts'ai Lun,
en el año 105 a.C. (No sabemos si fue papel
para escribir o papel higiénico.)

745

La *trofología* es la ciencia que estudia
la combinación perfecta para ingerir
los alimentos. Por ejemplo, parece que comer
una hamburguesa con pan, patatas y huevos,
más un jugo de naranja, no hace muy bien...
pero ¡qué sabroso es!

746

La serie *Los Locos Addams* fue creada por Charles Addams, que según parece no tenía nada de loco.

747

La temperatura en la superficie solar es de 5.780 Kelvin. (No sabemos cuánto es; pero si te acercas al Sol, por las dudas, empápate bien de protector solar.)

748

Sicilia es la isla más grande del Mar Mediterráneo. (Créenos: ¡no la vas a estar midiendo!)

749

David mató al gigante Goliat con una honda. ¡No con una moto, sino con una gomera o resortera!

750

La profundidad promedio de los océanos es de unos 3.730 metros. (No te alejes de la orilla.)

751

Con sólo utilizar audífonos durante una hora,
la acumulación de bacterias en el oído aumenta
unas 700 veces. (Así que, después de escuchar
el MP3, ¡lávate las orejas!)

752

En la cuenca del Río de la Plata se estima
que se han hundido unas 2.000 embarcaciones.
¡Y eso que está lejos del Triángulo
de las Bermudas!

753

El cuadro más grande del mundo es *La batalla
de Gettysburg*. Fue pintado por Paul Philippoteaux
y sus colaboradores, en 1883. Mide 125 metros
de longitud, 21 metros de altura y pesa 5,349 kilos.
(¡Si lo cuelgas, rompes la pared!)

754

El billete de un dólar estadounidense lleva la cara
de George Washington. (Pobre George, ¡lo hubieran
puesto en el de 100!)

755

Si gritases durante 8 años, 7 meses y 6 días,
producirías suficiente energía como para calentar
una taza de café. (Más fácil es hacerlo
en el microondas.)

756

Para el año 2020 habrá más gente viviendo
en ciudades que en el campo. Y como las vacas
se van a sentir solas, se irán también
a la ciudad y las podremos tener de mascotas,
en lugar de los perros.

757

**LA FAMOSA TORRE EIFFEL ESTÁ EN PARÍS
Y SU ALTURA ES DE 324 METROS.**

758

El poeta nicaragüense Rubén Darío fue el máximo
exponente del Modernismo.

759

**EL RÍO RIN NACE EN LOS ALPES SUIZOS. (NO SE SABE
SI NACE DE PARTO NATURAL O POR CESÁREA.)**

760

El nombre completo del emperador romano
Augusto era Cayo Julio César Octaviano Augusto.

761

**LA NUEZ ES UN FRUTO SECO. NO SABEMOS
QUIÉN LE QUITÓ EL AGUA.**

762

El río más largo de México es el Bravo.
(Si nadas en él, todos te gritan: "¡Bravo!")

763

El primer avión propiamente dicho fue creado
por Clément Ader. El 9 de octubre de 1890
consiguió despegar y volar 50 metros.

764

Los Juegos Olímpicos se llaman así porque
antiguamente se realizaban en la ciudad griega
de Olimpia. (Si hubieran sido en Connecticut,
se llamarían *Juegos Connecticutianos*.)

765

LAS VACAS MUGEN. SI LADRARAN SERÍAN PERROS O VACAS BILINGÜES.

766

Al emperador romano Nerón le gustaba tocar el arpa. (Y... en esa época todavía no existía la guitarra eléctrica.)

767

EL FÍSICO JOHN ARCHIBALD WHEELER FUE EL PRIMERO EN HABLAR DE LOS "AGUJEROS NEGROS" EN EL ESPACIO.

768

El oso hormiguero se alimenta de hormigas. (Y seguro que después de comerlas, siente un *hormigueo* en su estómago.)

769

El carbono forma parte de todos los seres vivos. (Pero tu tío, por ser más grandote, tiene más carbono que tú.)

770

La rana es un batracio anuro, es decir, que no tiene cola. ¿Adónde la dejó? No lo sabemos.

771

La risa aparece en los bebés a los 4 meses de edad. El llanto insoportable que no termina nunca... ¡ni bien nacen!

772

El calor es una forma de energía asociada al movimiento de los átomos.

773

EL MAR ROJO ES AZUL. SIN EMBARGO, EL MAR AZUL NO ES ROJO.

774

El territorio italiano tiene la forma de una bota. (Pero no existe otro país que tenga la misma forma para armar el par.)

775

LA CAPITAL DEL PAÍS ASIÁTICO YEMEN ES SANÁ.

776

Según el *Diccionario de la Real Academia Española*
a los *cráteres lunares* también se les dice circos.
(Pero éstos no tienen payasos, ni malabaristas.)

777

El nombre completo del Libertador Simón Bolívar
era Simón José Antonio de la Santísima Trinidad
Bolívar Palacios Ponte y Blanco. Cuando tenía
que firmar algún documento tardaba tres horas.

778

La famosa película *El Padrino* fue dirigida
por Francis Ford Coppola. (No hizo *La Madrina*
porque no le alcanzó el tiempo.)

779

**LA LLAMA ES UN ANIMAL CAMÉLIDO QUE DESCIENDE
DEL GUANACO. Y QUE CUANDO LA LLAMAS... NO VIENE.**

780

El corcho con el que se tapan las botellas
de vino proviene de la corteza de un árbol llamado
alcornoque. Sin embargo, por más que busques,
no hay un árbol que dé las tapitas de plástico
de las gaseosas.

781

Los camellos pueden estar hasta 17 días sin beber.
(No es conveniente poner un bar para camellos,
porque el negocio va a ir mal...)

782

En un partido profesional, una pelota de béisbol
sirve para hacer sólo 7 lanzamientos. (Si es
que algún jugador no la tira a la platea antes.)

783

El primer mapa fue hecho por el astrónomo griego
Anaximandro. (América no figuraba en él,
porque no fue a consultarle a Colón, que todavía
no había nacido.)

784

Los botones fueron creados 300 años a.C.
Hasta esa época todos iban por la calle
con la camisa abierta.

785

La primera *Play Station* fue lanzada
el 3 de diciembre de 1994. (No sabemos hacia
dónde la lanzaron... ¡pero podrían haber hecho
que cayera cerca de nosotros!)

786

Hasta el día de hoy, se filmaron seis películas
de la saga *La guerra de las galaxias* (*Star Wars*).
(Una de dos: o tenían mucho para contar o...
¡no sabían cómo terminarla!)

787

El café es una bebida obtenida por infusión
de las semillas del cafeto. (Pero es más práctico
comprarlo instantáneo para no hacer tanto
lío con las semillas.)

788

Los rosales son arbustos espinosos del género de
las rosáceas. (Y claro, no van a ser del género
de las *claveleáceas*, porque si no darían claveles.)

789

Hubo variadas especies de mamut, incluida
la del mamut lanudo, de pelo muy largo.
Tenía tanto pelo que en lugar de pulgas,
entre tanta pelambre tenía comadrejas.

790

El *salami* es un fiambre originario de Hungría.
Se ve que a los húngaros no les gustaban
ni el jamón, ni la mortadela.

791

Se dice que "hay gato encerrado" cuando existe
algo oscuro o secreto. (No cuando tienes al gato
encerrado, para que no lo agarre ningún perro.)

792

**LA CAPITAL DE PERÚ ES LIMA. (¡DE NINGUNA MANERA
ES LIMA-LIMÓN!)**

793

El monte Narodnaya, de 1.895 metros de altitud,
es la montaña más alta de los Urales.
(Te lo contamos por si alguna vez sales
de tu casa, te pierdes y apareces por allí.)

794

Los *cumulonimbus* son nubes que suelen producir
lluvias intensas y tormentas eléctricas.

795

Eurípides fue un gran poeta trágico de la antigua
Grecia. (Lo trágico realmente es el nombre
que le pusieron sus padres, ¡pobre muchacho!)

796

El caballo de Alejandro Magno se llamaba
Bucéfalo. (¿No le podría haber puesto un nombre
más sencillo, como Pedro o Enrique?)

797

La compañía *Google* fue fundada
el 27 de septiembre de 1998 por Larry Page
y Sergey Brin. (Este es un dato
que encontramos en... ¡*Wikipedia!*)

798

El bostezo de los felinos cumple una función:
introducir más aire en los pulmones. (En tu caso,
el bostezo se produce por aburrimiento, cuando
no tienes ninguna maldad para hacer.)

799

La sonda espacial *Voyager 1* ha recorrido 150 mil millones de kilómetros en el espacio. ¿Estará perdida y no sabrá volver a la Tierra?

800

En la Luna hay terremotos. (Pero como no hay ninguna casa que se pueda derrumbar, nadie se da cuenta. ¿No tendrían que llamarse *lunamotos*?)

801

LAS AVES TAMBIÉN TRANSPIRAN.
¡PERO NO USAN DESODORANTE!

802

Es posible hacer insecticidas con limones.
(Se ve que a los insectos tampoco les gusta el juguito del limón.)

803

El juego del gallito o la gallina ciega tiene 2.000 años de antigüedad. ¡En esa época no había *videogames*!

804

Las *clepsidras* son relojes de agua.
(Cuando te preguntan la hora y tienes
una clepsidra, contestas: "Son las dos gotas
menos un cuarto litro".)

805

Los chimpancés tienen mejor memoria
que los seres humanos. (Y además... además...
¡Ay, nos olvidamos!)

806

El rinoceronte blanco, en realidad, es gris.
(Lo único que falta es que los rinocerontes grises
sean blancos.)

807

La escalera mecánica más larga del mundo
está en Hong Kong y mide 800 metros.
Si no existiera... ¡todo lo que habría
que subir caminando!

808

Hay más bacterias en un teclado de computadora
que en un inodoro. (Y claro: las bacterias
no son tontas y eligen un lugar más agradable.)

809

La primera computadora digital electrónica,
creada como máquina experimental, fue diseñada
por John Presper Eckert y John William Mauchly,
en 1947. Pesaba 27 toneladas y ocupaba 167 m².

810

En Japón, dar propinas está considerado de mala
educación. Mejor, guárdate el vuelto para
comprarte caramelos (si estás en Japón, claro).

811

En el antebrazo tenemos un hueso llamado radio.
(Pero con él no puedes sintonizar tu programa
favorito de música.)

812

El miedo a pronunciar palabras largas
y complicadas se llama
hipopotomonstrosesquipedaliofobia (palabra
que es más larga de lo que te dura el miedo).

813

En 1978 apareció por primera vez la tira cómica
de *Garfield*. El dibujo era diferente al actual...
¡pero no era el de un perro!

814

El insecto de mayor tamaño es el escarabajo
goliat, mide entre 5 y 10 cm, y pesa 100 gramos.
¡Debería hacer una dieta para bajar de peso!

815

Las gaviotas lloran para eliminar sal
de su organismo. (¡Qué distinto es el ser humano,
que llora cuando no le quieren comprar
un chocolate!)

816

LA LETRA *E* ES LA MÁS UTILIZADA EN EL IDIOMA
ESPAÑOL. ¡EEEEEEEEEE, ES EXCELENTE!

817

El pingüino emperador puede llegar a medir
1,20 metros de altura. (No está para jugar
al básquet pero, por ser pingüino, es bastante alto.)

818

La palabra *millón* comenzó a usarse cerca del año
1.300. (Menos mal que la inventaron, si no, ¿cómo
diríamos: "quiero tener un millón de dólares"?)

819

Hay plantas que se comunican entre sí e incluso,
con animales. Así que no te sorprendas si ves
a un rosal hablando por teléfono móvil.

820

El optimismo contribuye a que las personas
tengan mayor promedio de vida. ¡Vamos, arriba
ese ánimo, este libro pretende ser optimista!

821

La jamais contente es el nombre del primer
automóvil eléctrico que alcanzó
los 100 kilómetros por hora, en mayo de 1899.

822

URANO FUE EL PRIMER PLANETA DESCUBIERTO
A TRAVÉS DEL TELESCOPIO.

823

Los Reyes Magos no empezaron a traer juguetes
a los niños hasta mediados del siglo XIX.
Pobres, los chicos de antes ponían los zapatitos...
¡y nada! ¡Qué afortunados somos ahora!

824

La nitroglicerina, además de ser un potente
explosivo, es utilizada por los médicos para tratar
afecciones cardíacas. ¿Has visto que todo tiene
su lado positivo?

825

En 1997, las líneas aéreas estadounidenses
se ahorraron 40.000 dólares con sólo eliminar
una aceituna de cada ensalada. (No sabemos
cuánto hubieran ahorrado si eliminaban toda
la ensalada...)

826

**EL NOMBRE COMPLETO DEL PATO MÁS FAMOSO
ES DONALD FAUNTLEROY. ¡CUAC!**

827

El músculo más potente del cuerpo humano
es la lengua. (Así que por más que tu hermano
te la quiera arrancar cuando se la sacas,
no va a tener la fuerza suficiente.)

828

La distancia entre la Tierra y el Sol
es de 149.400.000 kilómetros. Menos mal que está
lejos, si no nos moriríamos de calor.

829

Un tercio de todo el helado vendido en el mundo,
es de vainilla. ¿Será que ese tercio no conoce
el chocolate?

830

Los chimpancés y los delfines son los únicos
animales capaces de reconocerse frente al espejo.

831

**EL CAMARÓN LIMPIADOR SE ALIMENTA
DE LAS BACTERIAS QUE LIMPIA DE LOS PECES. ¡PUAJ!**

832

El cerebro humano contiene cien mil millones
de neuronas. Aproximadamente, la misma cifra
de estrellas existentes en nuestra galaxia.
¡Somos brillantes!

833

EL *OKAPI*, UN RUMIANTE DE ÁFRICA, ES EL PARIENTE VIVO MÁS PRÓXIMO A LA JIRAFA.

834

La torre más inclinada del mundo ya no es la de Pisa (Italia), sino la torre de una capilla ubicada en el pueblo alemán de Suurhusen, con 5,07 grados de inclinación.

835

La goma de mascar y el caramelo ayudan a calmar la ansiedad y el estrés.

836

EL CAFÉ ES LA SEGUNDA BEBIDA MÁS INGERIDA EN EL MUNDO. LA PRIMERA, EL AGUA.

837

La palabra *ártico* viene de la palabra griega *arktikós*, que significa "oso". No sabemos si en griego *miedártico* quiere decir "miedoso".

838

China fue el primer país en usar papel moneda,
a partir del siglo VII.

839

SI USAS REGULARMENTE LA CONSOLA *NINTENDO WII*
PUEDES PERDER HASTA 12 KILOS EN UN AÑO.

840

El 2 de enero de 1839 se obtuvo la primera
fotografía de la Luna.

841

EL TIGRE ES EL FELINO MÁS GRANDE DEL MUNDO.

842

Cuando murió Isabel I de Rusia, en 1762, fueron
hallados 15.000 vestidos. Acostumbraba cambiarse
de ropa dos o tres veces por noche. (Pobre
el que tenía que plancharla: ¡no dormía!)

843

LAS CEJAS PROTEGEN A LOS OJOS DEL SUDOR
Y DE LA LLUVIA. ¡SON COMO PARAGUAS DE PELO!

844

El volcán más alto del Sistema Solar
es el Monte Olimpo. Se encuentra en Marte
y mide 27 kilómetros de alto, tres veces más
que el Monte Everest. (Pero queda muy lejos
para ir a ver si es verdad. ¡Ni hablar de escalarlo!)

845

**EL VERDADERO NOMBRE DEL CANTANTE CHAYANNE
ES ELMER FIGUEROA ARCE.**

846

Los pájaros carpinteros en un solo día pueden
comer hasta 900 larvas de escarabajos o 1.000
hormigas. (Preferimos la comida de porquería
que hace papá cuando mamá no está en casa
o no puede cocinar.)

847

Las hembras de chimpancé son fértiles hasta
los cincuenta años, es decir, casi hasta el final
de su vida.

848

Leer libros como éste es algo sensacional para tu vida. ¿Qué otra cosa te vamos a decir? ¿Cuántos libros mejores leíste? (Por favor, no respondas...)

849

HOMERO ES EL PADRE DE BART, LISA Y MAGGIE Y EL ESPOSO DE MARGE. Y ESO ¿QUIÉN NO LO SABE?

850

Batman es Bruno Díaz (o Bruce Wayne, en inglés), ¡y nadie se dio cuenta de que es él! ¿No reconocen a un disfrazado con una capa y un antifaz?

851

El pez luna tiene un cerebro muy pequeño en comparación con su tamaño. En un ejemplar de 200 kilos puede llegar a pesar sólo 4 gramos.

852

Barbie es la muñeca más famosa y vendida del mundo. Apareció por primera vez el 9 de marzo de 1959 en la *American International Toy Fair*. Fue creada por Ruth Handler.

853

El 3 de octubre de 1914, Mary Phelps Jacob
patentó una pieza de ropa que reemplazaría
al antiguo corsé y daría origen al desarrollo
del corpiño o sostén.

854

La palabra *bicoca* proviene de la población italiana
Bicocca, donde en 1522, el emperador Carlos V
libró una batalla contra Francisco I de Francia.
La victoria fue tan fácil para Carlos que la palabra
bicoca pasó al diccionario como sinónimo
de algo de fácil obtención y poco valor.

855

El *backgammon* es el juego de mesa más antiguo.
(Pero el juego de mesa más divertido es tirarle
bolas de miga de pan a quien tienes enfrente.)

856

Jauja es una ciudad peruana cuya fama
se debe a sus excelentes minas de oro que,
en época de los conquistadores, les proporcionó
a éstos una vida ociosa y relajada.

857

En 1898, catorce años antes de que el Titanic
zarpara, el marino estadounidense Morgan
Robertson escribió una novela llamada *Futility*,
sobre un lujoso barco que se hunde en su viaje
inaugural luego de chocar contra un iceberg
en el Océano Atlántico. ¡Glup!

858

La capital de Bolivia es Sucre, aunque la sede
del gobierno boliviano está ubicada en la ciudad
de La Paz, desde 1899.

859

Para leer un diario en China, hay que manejar
aproximadamente unos 4000 signos. Mejor leer
un diario en español... es más fácil...

860

Guido de Arezzo (995-1050) es considerado
el "Padre de la música". Fue quien le dio nombre
a las notas musicales e ideó el pentagrama.

861

Las *Siete maravillas del mundo* antiguo son:
los Jardines colgantes de Babilonia (Irak),
la Estatua de Zeus en Olimpia (Grecia), el Templo
de Artemisa en Efeso (Turquía), la Tumba del rey
Mausoleo (Turquía), el Coloso de Rodas (Grecia),
el Faro de Alejandría (Egipto) y la Pirámide
de Giza (Egipto). Esta última es la única
que se ha conservado en pie.

862

Los premios *Oscar* de cine se entregan
en Hollywood desde 1928. (Pero la ceremonia
de entrega no es en un cine, sino ¡en un teatro!)

863

Los rusos, para saludarse, se besan en la boca,
ya sea entre hombres o entre mujeres.
¡El problema es si justo te encuentras con un ruso
que acaba de comer cebollas!

864

EL ÁLBUM DEBUT DE SHAKIRA ES DE 1991
Y SE LLAMA *MAGIA.*

865

El *Tetris* es el videojuego más conocido en todo el mundo. ¡Cuántos dedos se habrá gastado la gente jugándolo todo el tiempo!

866

LA CAPITAL DE UCRANIA ES KIEV. ¡KIEVIEN ESTE DATO!

867

Borneo se encuentra en el sudeste de Asia y es la tercera isla más grande del mundo. (Bueno, por lo menos pudo subirse al podio.)

868

La palabra *baño* deriva del latín *balneum*. (Es el lugar donde uno se va a lavarum las manos y hacer cacorum.)

869

Disney World se encuentra en Orlando, Estados Unidos. ¿No lo podrían haber construido a la vuelta de nuestras casas?

870

Los perros mueven la cola cuando están alegres.
(Pero nosotros movemos las piernas, cuando ellos
nos quieren morder.)

871

La palabra *cocodrilo* deriva del griego
κροκόδειλος. Sí, ahí dice *cocodrilo* en griego.
(Créenos, o pregúntale a un griego.)

872

Luis Miguel es un cantante mexicano que nació
en Puerto Rico. Si hubiera nacido en México,
tal vez hoy sería puertorriqueño. (Qué importa,
si es tan romántico...)

873

**EL CALAMAR GIGANTE TIENE EL CEREBRO MÁS GRANDE
DE TODOS LOS INVERTEBRADOS.**

874

En mayo de 1883, se sintió una de las explosiones
volcánicas más poderosas del planeta. El volcán
Krakatoa estalló con tanta fuerza, que la isla
en donde estaba ubicado explotó con él.

875

Algunos animales se comunican a través
de sus olores. (Si tu hermano tuviera
que comunicarse por el olor de sus zapatos,
¡todos saldrían huyendo!)

876

La historieta francesa *Astérix* fue una creación
del guionista René Goscinny y el dibujante
Albert Uderzo. (¡*Ferpecto*!)

877

El oído del murciélago es tan sensible que puede
escuchar las pisadas de un insecto. (Por eso
los insectos, cuando ven a un murciélago,
caminan en puntitas de pie.)

878

El estrecharse las manos es un signo de confianza
que viene de la Edad Media, para mostrar que
se iba desarmado y sin intenciones de dañar
a la otra persona, es decir, con buena fe.

879

Si bien el origen de la expresión O.K. es dudoso,
una de las versiones dice que en la Guerra Civil
estadounidense (1861-1865), cuando las tropas
regresaban a sus cuarteles sin tener ninguna baja,
escribían en una pizarra: *0 Killed* (0 muertos).

880

Una pelirroja natural tiene unos 90.000 cabellos,
frente a los 110.000 que tiene una morena
y a los 150.000 de una rubia. (¿Y los calvos?)

881

**LA *J*, ES LA ÚNICA LETRA QUE NO APARECE EN LA TABLA
PERIÓDICA DE LOS ELEMENTOS QUÍMICOS.**

882

Está probado que el cigarrillo, además de ser
muy malo para la salud, es la mayor fuente
de investigaciones y estadísticas.
(Lo que no sabemos es si los investigadores
fuman mientras investigan.)

**CUANDO NACE UNA CULEBRA CON DOS CABEZAS,
ÉSTAS PELEAN ENTRE SÍ POR LA COMIDA.**

Una sola gota de petróleo es capaz de convertir
25 litros de agua pura en NO potable.

Cada año, el 98% de los átomos del cuerpo humano
son sustituidos. ¡Y después dicen que nos
cuesta cambiar!

La fórmula del oxígeno es O2. La fórmula
del ozono es O3.

LA MANZANA ESTÁ COMPUESTA POR UN 84% DE AGUA.

Los ubanguis eran una tribu de caníbales
que dejaban la carne humana en potes con agua
y aceite antes de comérsela.

889

La palabra *bigote* proviene del juramento *bei Gott*
(¡Por Dios!) que en el siglo XVI pronunciaban
los soldados alemanes dirigidos por Carlos V.
La jura se acompañaba con el gesto de pasarse
el índice de la mano derecha sobre el labio
superior, justamente donde va el bigote.

890

La tortuga laúd es la más grande de todas
las tortugas vivientes. Puede llegar a medir
2 metros y pesar más de 600 kg.

891

EL SER HUMANO NECESITA UN MÍNIMO DE 5 LITROS
DE AGUA POR DÍA PARA SUBSISTIR.

892

La Organización de las Naciones Unidas declaró
al 12 de octubre de 1999 el *Día de los seis mil
millones de personas*, por ser la fecha
en que la población mundial alcanzó esa cifra.

893

LA LUZ TARDA 8 MINUTOS Y 17 SEGUNDOS EN VIAJAR
DESDE EL SOL HASTA LA SUPERFICIE TERRESTRE.

894

La palabra *póquer* proviene del alemán *pochen*
(golpear) y del inglés *brag* que significa
"fanfarronear", característica esencial para este
juego de naipes. (Ni te molestes en mostrarnos
tus cartas: tenemos póquer de ases...)

895

Dentro de 10 mil millones de años, la duración
de cada día y cada noche en la Tierra será igual
a casi 50 días actuales. Esto se debe a que nuestro
planeta va a ir girando cada vez más lentamente.

896

En el antiguo Egipto los sacerdotes se afeitaban
y arrancaban todos los cabellos de su cuerpo,
incluidas cejas y pestañas.

897

**LOS DIBUJOS DE SARAH KAY FUERON CREADOS
POR UNA AUSTRALIANA LLAMADA: ¡SARAH KAY!**

898

El verdadero nombre del cantante Ricky Martin
es Enrique José Martín Morales.

899

CADA AÑO MÁS DE UN MILLÓN DE TERREMOTOS
GOLPEAN LA TIERRA.

900

La piedra de granizo más grande que se haya
registrado cayó en junio de 2003 en Nebraska
(EE.UU.) y medía 17,78 cm de diámetro.
(Menos mal que no cayó sobre nuestras cabezas.)

901

En octubre de 1999, un iceberg del tamaño
de la ciudad de Londres (77 km de largo y 38 km de
ancho) se desprendió de los hielos de la Antártida.

902

El gusano llamado *tenia saginata* (que se aloja
en el intestino de muchas personas)
puede llegar a alcanzar los 23 metros de largo.

903

Los dinosaurios se extinguieron antes
de que se formasen las Montañas Rocosas
(Estados Unidos) y los Alpes (Europa).

904

Cuando una pulga salta, su índice de aceleración
es 20 veces superior al del lanzamiento
de un transbordador espacial.

905

La ciruela *kakadu*, que crece en Australia,
es la fruta que tiene más vitamina C del planeta.
(Ahora, una fruta con ese nombre, vaya uno
a saber qué gusto a *kaka-dú* tiene.)

906

Los astronautas no pueden eructar, porque
la ingravidez no permite la separación de líquido
y gas en sus estómagos.

907

Una millonésima de la millonésima de la
millonésima de la millonésima de la millonésima
de segundo después del Big Bang, el universo tenía
el tamaño de un guisante o chícharo.

908

El ADN (ácido desoxirribonucleico)
fue descubierto por primera vez en 1869
por el biólogo suizo Johan Friedrich Mieschler.

909

En 1592, el físico y astrónomo italiano Galileo Galilei inventó el primer termoscopio, precursor del termómetro. (No sabemos adónde se lo metió para probar si funcionaba, pero por las dudas, no imaginemos.)

910

A Wilhelm Röntgen le concedieron el Premio Nobel de Física por descubrir los *Rayos X*, en 1901.

911

UNA CÉLULA SANGUÍNEA TARDA 60 SEGUNDOS EN COMPLETAR SU RECORRIDO POR EL CUERPO.

912

El árbol más longevo del planeta se encuentra en la provincia de Dalarna, en Suecia. Es un abeto rojo de 9.550 años. ¡Y no usa bastón!

913

Una anguila eléctrica puede producir una descarga de hasta 600 voltios, que utiliza para cazar presas, defenderse o comunicarse con otras anguilas.

914

La comunicación sin cables experimentó un gran
avance en 1962, con el lanzamiento de Telstar,
que fue el primer satélite capaz de retransmitir
señales de teléfono, televisión y datos
de comunicaciones a alta velocidad.

915

Los primeros productores de vino vivieron
en Egipto alrededor del año 2300 antes de Cristo.

916

**EL UNIVERSO CONTIENE MÁS DE 100 MIL MILLONES
DE GALAXIAS.**

917

Christiaan Barnard practicó con éxito el primer
trasplante de corazón en 1967.

918

La llamada de la ballena jorobada produce
un sonido que puede ser escuchado
a 926 kilómetros de distancia.

919

UNA CUARTA PARTE DE LAS ESPECIES VEGETALES
ESTARÁN EN PELIGRO DE EXTINCIÓN EN EL 2010.

920

Cada persona pierde más de 18 kilos de piel
durante toda su vida. (Podrías hacerte varios
tapados de piel... ¡con tu propia piel!)

921

Las galaxias más grandes contienen más
de un billón de estrellas.

922

EN EL CUERPO HUMANO HAY 96 MIL KILÓMETROS
DE VASOS SANGUÍNEOS.

923

Se transmiten más gérmenes dando la mano
que besando.

924

LA VELOCIDAD MÁXIMA A LA QUE UNA GOTA
DE LLUVIA PUEDE CAER ES DE 28 KILÓMETROS
POR HORA.

925

La ballena gris recorre más de 23 mil kilómetros
durante su migración anual de ida y vuelta
desde el Océano Ártico hasta México.

926

Las maletas para equipaje marca *Samsonite*,
son llamadas así por Samson (Sansón) el hombre
fuerte de la Biblia que simboliza "fuerza
y durabilidad". Y cuando mamá las llena al salir
de vacaciones, sí que hay que ser Sansón
para levantarlas.

927

Alrededor de mil billones de neutrinos provenientes
del Sol habrán atravesado tu cuerpo mientras lees
esta frase. (Suerte que no hacen nada...)

928

LOS QUÁSARES SON LOS CUERPOS CELESTES
MÁS LEJANOS DEL UNIVERSO.

929

El cohete Saturno V, que llevó al hombre
a la Luna, desarrollaba una energía equivalente
a 50 aviones Jumbo 747.

930

LOS PRESIDENTES EN FRANCIA DURAN 7 AÑOS
EN EL GOBIERNO.

931

Las estrellas de neutrones son tan densas
que una sola cucharadita de ellas sería más pesada
que toda la población terrestre.

932

Uno de cada 2.000 bebés ya nace con un diente.
(Más que darles el pecho a estos bebés hay que
prepararles una hamburguesa doble con queso.)

933

Cada hora el Universo se expande más de
mil millones de kilómetros en todas direcciones.

934

Incluso viajando a la velocidad de la luz
tardaríamos 2 millones de años en llegar
a la galaxia grande más cercana, Andrómeda.

935

La primera película de *Terminator* fue dirigida por
James Cameron, el mismo de la famosa *Titanic*.

936

EL RIESGO DE QUE UN METEORITO GOLPEE A UN SER HUMANO ES DE UNA VEZ CADA 9.300 AÑOS.

937

El lugar habitado más seco del mundo
es Asuán, en Egipto, donde el promedio anual
de lluvias es de 50 milímetros. (Mal lugar
para vender paraguas.)

938

Los cráteres de meteorito más grandes del mundo
se encuentran en Sudbury, en el estado de Ontario
(Canadá), y en Vredefort (Sudáfrica).

939

El escritor Franz Kafka es el autor de
La metamorfosis, donde el personaje se despierta
convertido en una cucaracha. ¡Qué loco!

940

En 1850 la velocidad máxima de los medios
de transporte alcanzaba los 60 kilómetros
por hora. Hoy los astronautas superan
los 40 mil kilómetros por hora.

941

El mayor dinosaurio jamás descubierto
era el Seismosaurus, que medía más de 30 metros
de altura y pesaba más de 80 toneladas.
¡Usaba talle XXXXXXL!

942

En el siglo XIV la peste negra acabó con la vida
de 75 millones de personas. Las pulgas de la rata
negra eran las portadoras de la enfermedad.

943

**EL SENTIDO DEL OLFATO DE UN PERRO ES MIL VECES
MÁS SENSIBLE QUE EL DE LOS HUMANOS.**

944

Nuestro planeta tiene 510 millones de metros
cuadrados, de los cuales 361 millones están
ocupados por agua. ¿No nos habremos equivocado
con el nombre? ¿Y si en lugar de Tierra
lo llamamos *Planeta Agua?*

945

**LA CAJA NEGRA DE LOS AVIONES NO ES NI UNA CAJA,
NI ES NEGRA. ¡ES UN CILINDRO ANARANJADO!**

946

OZZY OSBOURNE ES UN CANTANTE INGLÉS QUE FORMÓ PARTE DE LA BANDA DE ROCK *BLACK SABBATH*.

947

Un oráculo es una persona a quien todos escuchan con respeto y veneración por su gran sabiduría y doctrina. ¡No vayas a pensar otra cosa!

948

LA PRIMERA PELÍCULA EN LA QUE ACTUÓ ANGELINA JOLIE FUE *CYBORG 2*, EN 1993.

949

Se calcula que las reservas de petróleo se agotarán antes del año 2050. Pero no te preocupes, para esa época la gente ya estará chocando en la calle con autos eléctricos.

950

En nuestra galaxia, la Vía Láctea, hay unos 100.000 millones de estrellas. (Como muchas estrellas de la televisión, las de la Vía Láctea no se pueden ver.)

951

Existen tres versiones cinematográficas
de la historia de *King Kong*. (En todas lo matan.
Pobre mono, ¿no lo pueden dejar tranquilo?)

952

**EL LLAMADO *HIELO SECO* ES DIÓXIDO DE CARBONO
CONGELADO Y SE EMPLEA EN REFRIGERACIÓN.**

953

Las vacas tienen cuatro estómagos. Si nosotros
tuviéramos cuatro, ¡cuántas más hamburguesas
podríamos comer!

954

El atún es también llamado *bonito*. ¿Qué tiene
de bonito? No sabemos, ¡pero es rico!

955

**EL GENIAL ORGANISTA Y COMPOSITOR ALEMÁN
JUAN SEBASTIÁN BACH TUVO 20 HIJOS.**

956

El corredor brasileño de Fórmula 1 Nelson Piquet
ganó 3 campeonatos mundiales de la especialidad.

957

EL VERDADERO NOMBRE DE PILA DEL JUGADOR
DE GOLF "TIGER" WOODS ES ELDRICK.

958

Desde la invención de la primera locomotora hasta
la invención del avión supersónico pasaron 130 años.

959

Charles Perrault fue el primero que incluyó
la historia de *Caperucita Roja* en un volumen
de cuentos, en 1697. Antes de eso, era una fábula
que se transmitía de forma oral.

960

El hueso fémur es más duro que el concreto.
(¡Entonces hagamos edificios con huesos fémures!)

961

EL SEGUNDO NOMBRE DE LA ACTRIZ CAMERON DÍAZ
ES MICHELLE.

962

La guitarra es el instrumento más utilizado
en géneros musicales como el blues, el rock
y el flamenco.

EL PERSONAJE MÁS FAMOSO DE *POKÉMON* ES PIKACHU.

Sólo existen tres animales con lengua azul:
el perro Chow Chow, el lagarto lengua-azul
y el oso negro. ¡Y sin teñírsela!

El hombre desciende del mono. Suerte que
no lo hicimos de los cerdos... aunque hay algunos
que lo parecen.

El origen de la palabra *jeep* viene de la abreviación
utilizada por el ejército norteamericano
de vehículo "for General Purpose" (GP).

Dentro de 5 mil millones de años, el Sol
se quedará sin combustible y se convertirá
en lo que se llama una Gigante Roja.

**ALREDEDOR DE 100 RAYOS ALCANZAN LA TIERRA
CADA SEGUNDO.**

969

Si el Sol fuese del tamaño de un balón de playa,
Júpiter tendría el tamaño de una pelota de golf
y la Tierra sería tan sólo un guisante.

970

La camiseta del equipo *Boca Juniors* de Argentina
es azul con una franja amarilla horizontal.
Aunque a veces es amarilla con una franja azul.
Esto es porque los fundadores del club, hace
más de cien años, fueron hasta el puerto
del barrio decididos a ponerle a su camiseta
los colores de la bandera del primer barco
que pasara. Como fue un buque sueco, los colores
son azul y amarillo (oro).

971

El Gran Cañón del Colorado, en Estados Unidos,
ocupa un volumen de 1854 kilómetros cúbicos.
A pesar de ser tan grande, este cañón...
no dispara ninguna bala.

972

EL 10% DE LOS SERES HUMANOS DE TODOS LOS TIEMPOS
ESTÁ VIVO EN ESTE MOMENTO EXACTO.

Harrison Ford fue el protagonista de las cuatro
películas de *Indiana Jones*.

El arquero mexicano Antonio Carbajal
fue el primer futbolista en jugar en cinco
Copas del Mundo. Lo hizo desde 1950 a 1966.

**UN SENADOR ES MÁS QUE UN DIPUTADO, AUNQUE EN
MUCHOS PAÍSES HAY MÁS DIPUTADOS QUE SENADORES.**

En 1979, el grupo Pink Floyd editó el álbum
The Wall (La pared). (El disco se vendió tanto
que sus integrantes invirtieron el dinero
en ladrillos, y pudieron levantar un poco
las paredes de sus casas.)

El primer nombre que tuvo la ciudad de Tokio,
en Japón, fue Edo. (Era lindo porque lo podías
hacer rimar con *miedo*, *dedo* y otras palabras
terminadas con -*edo*.)

978

En la corte de los Austrias se prohibía
que un hombre tocase a la reina. Así, si la reina
se caía o sufría un accidente, debían esperar
a que llegara el rey a levantarla. (Ahora,
si el rey estaba en otro país... la dejaban tirada
en el piso durante semanas.)

979

EL RÍO DANUBIO DE EUROPA DESEMBOCA EN EL MAR
NEGRO (QUE NO ES TAN NEGRO, GRISECITO NOMÁS).

980

El esqueleto humano es por lo menos el 20%
del peso total del cuerpo. El cerebro de algunos
primos... apenas el 0,1%.

981

La capital del Sultanato de Brunei Darussalam,
en Asia, es Bandar Seri Begawan. (¿No había
un nombre más largo para ponerle?)

982

El rugby y el fútbol americano se juegan
con una pelota ovalada. Y no con una cuadrada,
porque ¡sería más difícil!

983

El famoso pintor Peter Paul Rubens nació
en la ciudad alemana de Siegen. (Sin embargo,
no sabemos en dónde nació el pintor de la vuelta
de tu casa, que pinta paredes.)

984

Los rayos matan más gente que las erupciones
volcánicas y los terremotos. (Si vives al lado
de un volcán no te preocupes...
mientras no haya rayos.)

985

El dramaturgo griego Aristófanes escribió
la obra *Las Tesmoforias*. (¿Qué son las *Tesmoforias*?
¡Pregúntale a tu maestra!)

986

**EL TEJIDO DE LAS ENCÍAS NO SE REGENERA.
¡OTRA RAZÓN PARA LAVARSE LOS DIENTES!**

987

Pancho Villa, héroe de la Revolución Mexicana,
se llamaba José Doroteo Arango Arámbula.
(Más fácil es decirle Pancho Villa.)

988

El goleador del mundial de 1978 —realizado
en Argentina— fue Mario Kempes, con 6 goles.

989

La isla de Tasmania pertenece a Australia.
(¿Dónde queda Tasmania? Ah, eso pregúntaselo
a los australianos... o al demonio.)

990

El film *Jamás besada* (*Never Been Kissed*) fue
protagonizado por Drew Barrymore, una chica
a la que más de uno quisiera darle un beso.

991

CARLOS GARDEL ES CONSIDERADO EL CANTANTE
DE TANGO MÁS IMPORTANTE DE TODA LA HISTORIA.

992

El disco más vendido del grupo *Green Day*
es *American Idiot*. (No traduciremos su nombre,
porque sería muy *idiot* hacerlo.)

993

Nicolás Copérnico fue un gran astrónomo polaco,
y uno de los primeros en afirmar que la Tierra
giraba alrededor del Sol. (Porque antes
de eso creían cada tontería...)

994

Muhammad Alí es considerado el mejor boxeador
de todos los tiempos. (Y si decías lo contrario,
tal vez, te daba una trompada.)

995

A la selección de fútbol de Dinamarca
se la conoce como "La dinamita roja".
(Aunque cuando pierde un campeonato,
parecería que tuviese la dinamita mojada.)

996

La capital del país africano Burkina Faso
es Uagadugú. (¿Sabes cómo se dice "mal aliento"
en Uagadugú? *Tu tufo me tumba.*)

997

EL SINÓNIMO DE LA PALABRA *DIÉRESIS* ES *CREMA*.
(¡PERO NO CREMA DE LECHE!)

998

El principal río de Irlanda es el *Shannon*.
Pero muchos shannon van. ¿Entiendes el chiste?
Sha-non van... ¡Es genial!

999

El actor que hace de *Harry Potter* en las películas
se llama Daniel Radcliffe. (¡Cuánto dinero habrá
ganado el muchacho! ¡Y sin ser mago!)

1.000

Dijo el actor cómico Groucho Marx: "Encuentro
la televisión muy educativa. Cada vez que alguien
la enciende, me retiro a otra habitación y leo
un libro". (Como tú, que estás leyendo este libro
en lugar de ver la tele. Te felicitamos.)

¡TU OPINIÓN ES IMPORTANTE!

Puedes escribir sobre qué te pareció
este libro a **miopinion@libroregalo.com**
con el título del mismo en el "Asunto".

www.libroregalo.com